Général H. BONNAL

LA RÉCENTE GUERRE SUD-AFRICAINE ET SES ENSEIGNEMENTS

PARIS
LIBRAIRIE MILITAIRE R. CHAPELOT ET Cie
IMPRIMEURS-ÉDITEURS
30, Rue et Passage Dauphine, 30

1903

Général H. BONNAL

LA RÉCENTE GUERRE SUD-AFRICAINE ET SES ENSEIGNEMENTS

PARIS
LIBRAIRIE MILITAIRE R. CHAPELOT ET Cie
IMPRIMEURS-ÉDITEURS
30, Rue et Passage Dauphine, 30

1903

LA

RÉCENTE GUERRE SUD-AFRICAINE

ET

SES ENSEIGNEMENTS.

La *Revue des Deux-Mondes* du 15 juin dernier a publié, sous le titre : « Les Enseignements de la Guerre Sud-Africaine », un article anonyme qui a eu, en France et à l'étranger, un certain retentissement.

Au cours de cet article écrit avec beaucoup de verve, l'auteur émet des appréciations diverses, dont les unes sont partagées par la plupart des militaires, et les autres, plus ou moins contestées.

La présente étude est une analyse de l'article en question, lequel, indépendamment de sa valeur propre, offre sur les publications similaires l'avantage précieux de contenir les notes d'un témoin des luttes qui ont eu les plaines de l'Orange pour théâtre.

Comme toute analyse, l'étude qu'on va lire reproduit les passages essentiels de l'article de la *Revue des Deux-Mondes* en les faisant suivre de commentaires.

L'article de la *Revue des Deux-Mondes*, du 15 juin 1902, se divise en trois parties :

Une introduction de quelques pages résume l'évolution de la guerre depuis Frédéric II jusqu'à nos jours ;

La première partie est consacrée aux mœurs et aux aptitudes guerrières des Boers ;

Dans la deuxième, l'auteur expose les procédés de combat des

Anglais, d'octobre 1899 à février 1900, puis il passe la plume à un témoin des opérations sur le Veld ;

La troisième partie contient les conclusions de l'auteur en vue de la prochaine guerre d'Europe.

INTRODUCTION

La guerre sud-africaine comporte-t-elle des enseignements dont les armées continentales peuvent tirer profit ?

Assurément, surtout au point de vue des propriétés désormais bien connues du fusil de petit calibre, à tir sans fumée et à trajectoire très tendue, d'où résulteront des dispositions tactiques accentuant l'évolution qui se manifeste depuis un siècle dans le sens de la succession des efforts et de l'économie des forces.

Certains professeurs d'art militaire le nient, et particulièrement ceux qui, voyant dans l'histoire des campagnes napoléoniennes l'évangile de la science stratégique et même tactique, s'obstinent à vouloir appliquer avec les armes nouvelles les procédés d'autrefois.

L'auteur refuse à certains professeurs d'art militaire tout sens d'adaptation.

Le reproche est sans doute mérité, car il y a deux genres de professeurs d'art militaire : ceux qui font apprendre leur cours fait à coups de ciseaux, et ceux qui, ayant de la personnalité, s'efforcent de développer chez leurs élèves les qualités d'observation, de jugement et de décision, si nécessaires à l'homme de guerre.

Le vrai professeur d'art militaire est, avant tout, un éducateur qui attribue une faible part à l'enseignement didactique, consacre ses plus grands efforts à l'étude des cas concrets et se montre réfractaire aussi bien aux évangiles qu'aux théories spéculatives.

C'est ainsi que, dans la plupart des grandes manœuvres européennes, on voit encore, après une préparation par le feu plus ou moins longue, des attaques « dites décisives » exécutées par des infanteries en masses compactes, dirigées droit sur l'adversaire, au son des musiques et des tambours, battant la charge. Décisives ? Certes ; depuis le 18 août 1870, ces sortes d'attaques l'ont été pour les troupes qui les ont tentées. Sans exception, elles se sont terminées par de sanglants désastres.

Si les méthodes d'instruction des grandes unités présentaient un caractère vraiment pratique et si le sens tactique, à tous les degrés de la hiérarchie, était plus développé, nos grandes manœuvres pourraient, jusqu'à un certain point, offrir l'image de la guerre.

Nous disons : *Jusqu'à un certain point*, parce que, en raison du petit nombre d'heures dont on dispose chaque jour de rencontre pour le combat proprement dit, les grandes manœuvres ne peuvent être que l'esquisse des opérations du champ de bataille.

C'est dans les garnisons et dans les camps d'instruction que compagnies, bataillons, régiments et brigades doivent être exercés à se comporter comme ils le feraient en présence de l'ennemi. Là au moins on discerne d'où viendraient les coups, tandis qu'aux très grandes manœuvres c'est impossible.

Les grandes manœuvres ne seraient-elles que des épreuves d'endurance pour les troupes et des exercices pour les divers services, qu'il faudrait les conserver.

Les attaques en masse sans préparation suffisante sont condamnables.

Sous Napoléon Ier, le rôle d'une masse d'attaque était bien moins d'aborder l'ennemi avec des troupes compactes que d'exploiter à l'extrême un premier succès obtenu au point décisif, grâce à l'action combinée de nombreuses batteries et de troupes d'infanterie combattant en tirailleurs. La masse d'attaque constituait donc comme un réservoir où l'on puisait les éléments de nouveaux efforts pour élargir la brèche et transformer un succès partiel en victoire.

Si l'attaque en masse dirigée contre un adversaire encore en possession de la plupart de ses moyens est un crime, elle suffit à immortaliser le général qui, l'ayant su préparer, l'a fait réussir.

D'après l'auteur, l'attaque décisive des Allemands contre Saint-Privat, le 18 août 1870, se serait terminée par un sanglant désastre. C'est pourtant cette attaque, faite à la nuit tombante, qui leur a procuré la victoire et a décidé du sort de la campagne.

La critique vise sans doute l'attaque avortée de la 1re division de la garde prussienne, un peu avant 6 heures du soir. Cette attaque est, en effet, l'exemple le plus frappant que l'on puisse invoquer en faveur de la combinaison nécessaire des feux d'artillerie et d'infanterie pour faire brèche en un point du front ennemi.

Dans la circonstance, aucune des conditions du succès n'ayant été remplie, le désastre de la 1re division de la garde devait être complet, et il l'a été sans entraîner toutefois la fuite des troupes qui la composaient.

Mais les desservants du culte impérial n'admettent pas les transformations. Ils préconisent la guerre de masses du commencement du siècle;... ils méconnaissent de parti pris le principe posé par le maître : « Une armée doit changer de tactique tous les dix ans. »

Les desservants en question ne peuvent être dans l'esprit de l'auteur que certains professeurs; c'est entendu.

Plus de guerre de masses! C'est facile à dire, mais par quels procédés remplacera-t-on l'ensemble des dispositions connues et consacrées par l'expérience pour faire vivre, manœuvrer et combattre un million d'hommes opposés à un autre million d'hommes sur un théâtre d'opérations relativement restreint?

Le principe que l'auteur attribue à Napoléon est inexactement reproduit; le voici tel qu'il a été exprimé : « *Il faut changer la tactique de la guerre tous les dix ans, si l'on veut conserver quelque supériorité.* »

L'expression « la tactique de la guerre » prend sous la plume de Napoléon un sens très général qui s'applique bien plus à la préparation stratégique, telle que nous l'entendons aujourd'hui, qu'aux opérations d'ordre tactique.

L'auteur se plaint ensuite de la résistance au progrès qu'offrent les armées, les vieilles surtout, et, comme stimulant, il agite le spectre d'Iéna, en se plaçant bien entendu au point de vue allemand. Mais si les Prussiens ont été battus à Iéna, c'est que Frédéric était mort et Napoléon bien vivant.

Cependant, la puissance du fusil manié par le tirailleur constituait un facteur qui venait d'apparaître. Frédéric ne l'avait pas utilisé, car, de son temps, le feu comptait pour peu de chose. L'arme blanche décidait.

Ce n'est pas la puissance du fusil, à silex et à balle ronde, manié par le tirailleur, qui a donné aux troupes de la Révolution, à partir de 1794, une supériorité écrasante sur les armées figées dans l'ordre linéaire.

Les tirailleurs de la période révolutionnaire s'établissaient à distance de combat devant le front ennemi rigide et formé de bataillons sur trois rangs, les hommes coude à coude.

Dans ces conditions, les tirailleurs clairsemés avaient en face d'eux un but très vulnérable, alors que la majorité des balles de l'ennemi frappaient dans le vide. Mais ce n'était là qu'un avantage secondaire en comparaison de celui que procurait aux armées républicaines le jeu des réserves.

En effet, l'ordre linéaire comportant le déploiement, en ligne rigide et compacte, de la presque totalité des troupes, tandis que l'emploi des tirailleurs n'exigeait qu'une partie des forces variant du quart à la moitié de l'effectif, les généraux républicains disposèrent de fortes réserves qu'ils surent faire donner, au moment favorable, sur les points (saillant du front ou aile) dont la prise de possession devait faire tomber l'ensemble.

Devant le front linéaire, fort partout mais relativement faible au point, dit d'attaque, sur lequel viendraient converger les efforts de troupes des trois armes très nombreuses, les tirailleurs formant rideau enlevaient à l'action par le feu le caractère de décision rapide qu'elle avait au temps de Frédéric et gagnaient ainsi, au profit du commandement supérieur, le temps que nécessitent les manœuvres et les dispositions préparatoires à l'acte décisif.

La victoire s'obtint, dès lors, en livrant sur tout le front de l'ennemi une série de combats partiels menés par les tirailleurs et en produisant, au bon moment, un effet d'écrasement sur un point convenablement choisi.

Dire que Frédéric n'a pas utilisé le feu, c'est montrer une connaissance imparfaite des batailles qu'il a livrées. Jamais, peut-être, la puissance de la mousqueterie ne s'est manifestée d'une façon aussi décisive qu'aux batailles de Prague, de Kollin et de Leuthen.

Une élite d'officiers, tels que Bourcet et le baron du Theil, professeurs de Bonaparte à Auxonne, préparaient cependant la tactique de la Révolution qui remplaça celle de Guibert et de Gribeauval.

La tactique de la Révolution est née puis s'est développée sous l'empire des circonstances et des dures nécessités du moment. A qui fera-t-on accroire que les généraux de la Révolution, tous plus ou moins improvisés, dépourvus, par conséquent, de toute instruction militaire, aient pu s'inspirer des recherches d'un Bourcet ou d'un Mesnil-Durand ?

Quant à Gribeauval, nous ignorions jusqu'à présent qu'il eût été un éminent tacticien, sa gloire d'avoir créé un système d'artillerie très homogène nous ayant toujours paru être celle d'un technicien.

Une autre erreur, celle-là combattue par la science psychologique contemporaine, consiste à penser que le baron du Teil ait pu être le professeur de Bonaparte.

Un homme tel que Napoléon n'a jamais eu de maître. Il s'est formé tout seul, par l'observation directe et raisonnée des événements auxquels il a pris part et grâce à son aptitude exceptionnelle à faire passer le conscient dans l'inconscient.

Un génie comme Annibal ou Napoléon donne son empreinte à la science militaire de son époque et la porte au plus haut degré de perfection qu'elle peut alors atteindre. Il montre par des exemples admirables les dispositions qui conviennent aux constitutions et aux moyens de son temps, rien de plus. Il est donc inutile de vouloir les imiter aujourd'hui que nos instruments de guerre diffèrent absolument des siens.

Laissons de côté Annibal et la science militaire de son époque, le terme de science supposant un degré de culture intellectuelle que les généraux carthaginois ne possédaient probablement pas, et arrêtons-nous à Napoléon.

L'auteur est persuadé que celui-ci a porté au plus haut degré de perfection la science militaire.

Lui, et lui seul, a personnifié l'art militaire de son temps, après avoir étouffé les initiatives des sous-ordres, paralysé l'essor des hommes supérieurs et si complètement émasculé le haut commandement que ses lieutenants, une fois livrés à eux-mêmes, à partir de 1812, devinrent une proie facile pour des généraux ennemis de second ordre.

Trouve-t-on trace en France, après Waterloo, de la science militaire à laquelle Napoléon aurait donné son empreinte ?

Seuls, en Europe, les Prussiens ont su profiter des leçons posthumes du maître, et c'est par elles qu'ils ont pu conduire, avec la science que l'on sait, les campagnes si fructueuses de 1866 et de 1870-1871.

Nos instruments de guerre actuels diffèrent de ceux dont disposait Napoléon, mais pas d'une manière absolue. L'art, en temps de paix, est d'apprécier à leur juste valeur les modifications apportées à l'organisation de l'armée, à ses moyens de transport et de communications, enfin à l'armement, et d'enseigner à tous, comme à chacun, les méthodes les meilleures pour arriver au but suprême, qui est la victoire.

La tactique de l'avenir dépendra plus encore de l'état moral de la nation au début de la guerre et de l'énergie individuelle du soldat que de la puissance de l'armement.

La tactique de demain, un peu différente de celle d'hier, donnera de bons résultats si notre corps d'officiers, bien composé, vigoureux et animé du feu sacré, a pu acquérir le sens des réalités du champ de bataille et su donner aux hommes de troupe, moralement et pratiquement, une solide éducation militaire.

Le feu des armes à tir rapide et sans fumée a forcé les Anglais à l'abandon total de leurs anciens procédés. Une tactique nouvelle, complètement différente de celle actuellement appliquée dans la plupart des armées européennes, s'est improvisée et par la suite s'est imposée.

Chacun sait que, dans le corps d'officiers anglais, les divers sports sont plus en honneur que les travaux de l'esprit.

Le niveau intellectuel s'en ressent, et, d'autre part, l'officier anglais est trop absorbé par ses obligations mondaines ou sportives pour consacrer beaucoup de temps à sa troupe. En dépit de ces fâcheuses conditions, l'esprit pratique et la force de caractère inhérents à la race anglo-saxonne devaient bientôt amener le commandement anglais à découvrir, puis à mettre en œuvre une tactique appropriée au genre spécial d'ennemis qu'étaient les Boers.

Le même fait s'est produit au début de la conquête de l'Algérie.

A la suite de nombreux échecs dus à des dispositions tactiques mal adaptées aux conditions particulières de la guerre en pays arabe ou kabyle, les généraux français, et, le premier de tous, le maréchal Bugeaud, surent choisir le mode d'action spécial qu'il convenait d'employer pour vaincre, et leurs succès furent, dès lors, constants.

Mais, en 1870, lorsque nos généraux formés à l'école des campagnes d'Algérie eurent à combattre les troupes allemandes, ils ne purent pas modifier, faute d'une préparation convenable, les procédés qui leur étaient chers, et leur infériorité professionnelle devint flagrante par rapport à des adversaires qui avaient cultivé avec ardeur les traditions de la grande guerre et tenu compte des progrès matériels réalisés dans toutes les branches de l'activité humaine.

L'auteur s'élève contre les critiques adressées, durant la guerre sud-africaine, au commandement anglais et à ses troupes. Son principal argument en faveur de l'armée anglaise consiste à dire que le corps des officiers anglais a prodigué son sang et que les troupes de 1899-1900 étaient excellentes.

En août 1870, les officiers français et leurs soldats ont montré, eux aussi, une bravoure à toute épreuve, et, pourtant, l'armée française de cette époque n'a pas su vaincre un seul jour, même lorsque, par suite de circonstances favorables, elle a lutté, comme à Spicheren, à Borny et à Mars-la-Tour, contre un ennemi numériquement inférieur.

Les critiques adressées aux généraux et aux troupes de l'armée anglaise visent, non leur défaut de bravoure, mais bien leur insuffisance tactique.

Jusqu'à l'arrivée de lord Roberts au Cap, les Anglais ont fait de la pure tactique linéaire, à la façon des Français de 1870, et, comme eux, ils en ont subi les conséquences fâcheuses.

PREMIÈRE PARTIE

Les dix pages consacrées par l'auteur à la nature, au caractère, aux mœurs et à la manière de combattre des Boers résument parfaitement tout ce qui a été dit ou écrit sur ce peuple unique en son genre.

Le Boer est dans toute la force du terme « un chasseur à cheval », qui sait merveilleusement tirer parti et de sa monture et de son fusil.

Dans la guerre de partisans, les Boers se sont montrés incomparables; mais, au cours des opérations réglées du début de la guerre, ils n'ont su que défendre des positions naturellement très fortes sans jamais passer à la contre-attaque, lorsque la supériorité de leur feu avait livré en quelque sorte l'adversaire à leur merci. Enfin, les Boers, individualistes à l'excès, sans discipline et dépourvus de toute capacité manœuvrière, n'ont jamais pu parer à une attaque enveloppante, laquelle a toujours été pour eux le signal d'une retraite désordonnée.

DEUXIÈME PARTIE

L'auteur raconte qu'en 1899 eurent lieu, au camp d'instruction de Salisbury-Plain, des manœuvres précédant de quelques jours seulement le départ pour l'Afrique australe de certaines troupes y ayant pris part :

On put y constater que les méthodes de combat étaient, à peu de chose près, celles en usage dans la plupart des armées européennes, avec un particularisme peut-être plus accentué de la cavalerie et de l'artillerie.

Que l'auteur ait été de bonne foi lorsqu'il écrivait les lignes qui précèdent, personne n'en doutera ; mais les officiers étrangers qui ont assisté, un peu avant la guerre sud-africaine, à des manœuvres anglaises en ont rapporté une impression moins favorable.

D'autre part, le général sir Redvers Buller, qui a dirigé des manœuvres en 1899, quelque temps avant son départ pour l'Afrique du Sud, s'est montré moins optimiste, et les critiques qu'il en a faites font ressortir le défaut d'instruction tactique des troupes anglaises.

Cet officier général constate l'insuffisance de préparation des attaques, l'emballement des troupes, l'absence d'unité dans l'action et l'ignorance qui règne dans chaque arme au sujet de la tactique des armes-sœurs.

Le général Buller dit de la cavalerie et de l'infanterie anglaises *« qu'elles savent comment elles doivent procéder, mais qu'elles ignorent ce qu'elles ont à faire ».*

En d'autres termes, les troupes anglaises savent prendre les formes réglementaires, mais sont incapables de les adapter aux circonstances variables du combat.

L'incapacité tactique ne peut se définir, en termes polis, d'une façon plus claire.

Après avoir exalté les aptitudes manœuvrières de l'armée anglaise, l'auteur conduit le lecteur au combat de Talana-Hill, livré le 20 octobre 1899 :

Le général Symons, disposant de 4 bataillons, 3 batteries, 1 régiment de cavalerie et une partie de la police du Natal, 4,500 hommes environ, avait établi son camp à l'ouest et près de la petite ville de Dundee. A 4,500 mètres, à portée de canon au nord-est, se trouve une ligne de hauteurs, Talana-Hill, Impati-Mount, dont la ville est séparée par un ravin assez profond.

Le général Symons se couvrait dans la direction de l'ennemi par des avant-postes placés sur ces hauteurs...

Les troupes campées, ainsi couvertes à près de 5 kilomètres, se croyaient en sûreté. Elles ne tenaient pas compte de ce fait qu'une ligne d'avant-postes, quoique bien placée, est surprise toutes les fois qu'elle est attaquée dans sa formation de sûreté. C'est pour ce motif que le maréchal Bugeaud organisait son service d'embuscades, qui permettait de transformer à temps la ligne d'avant-postes en ligne de combat.

D'autre part, nous lisons dans l'excellente et très complète relation de la guerre sud-africaine publiée sous la direction du 2e bureau de l'État-Major de l'Armée :

Bien que dominant le camp anglais à portée de canon (4,000 mètres environ), ces hauteurs (Talana-Hill, Impati-Mount) n'avaient été occupées dans la nuit du 19 au 20 octobre que par un petit poste d'infanterie montée.

Voilà donc à quoi se réduisait la ligne d'avant-postes placée sur les hauteurs qui dominaient à 4,000 mètres le camp anglais.

Les commentaires dont l'auteur accompagne le pseudo-placement d'une ligne d'avant-postes sur les hauteurs, à l'est du camp anglais, perdent dès lors toute valeur instructive et relèvent uniquement de la littérature.

D'ailleurs, ces commentaires expriment une idée fausse, car des avant-postes bien placés, intelligemment articulés et dont les divers éléments font bien leur service, ne peuvent être surpris.

Que penser du système d'embuscades du maréchal Bugeaud qui permettait de transformer à temps la ligne d'avant-postes en ligne de combat?

L'auteur n'eût probablement pas écrit cette phrase s'il se fût reporté au chapitre des œuvres de Bugeaud relatif au mode de sûreté en station, la nuit, pour un détachement complètement isolé[1].

Revenons au combat de Talana-Hill.

Les commandos aux ordres du général Lucas Mayer occupent la hauteur de Talana-Hill à 3 h. 1/2 du matin, refoulent le petit poste ennemi et ouvrent le feu de leurs cinq canons, à 5 heures environ, sur le camp anglais.

Surprise, effarement, puis réunion des troupes en bon ordre et riposte de l'artillerie anglaise jusqu'à 7 h. 1/2.

Trois bataillons anglais, sur quatre, se portent alors en formation de combat, directement, contre les Boers qui occupent la hauteur de Talana-Hill, et, vers 1 heure du soir, après des péripéties diverses, rejettent l'ennemi hors de sa position.

Pendant le combat, un escadron de hussards anglais, envoyé isolément sur les derrières de l'adversaire, est enveloppé et pris.

Les pertes des Anglais sont de 10 officiers et 31 hommes de troupe tués, 20 officiers et 165 hommes de troupe blessés, 9 officiers et 211 hommes de troupe prisonniers.

L'auteur de l'article de la *Revue des Deux-Mondes* dit, à propos de ce combat :

> L'action commença et se déroula d'après les principes réglementaires.

Où donc a-t-on vu qu'un règlement, fût-il anglais, prescrit d'attaquer le taureau par les cornes?

Les règlements donnent des formes, parmi lesquelles le chef fait son choix, et encore peut-il les modifier en raison des circonstances; mais il n'y a et ne saurait y avoir de règlement tactique.

---

[1] *Œuvres militaires du maréchal Bugeaud*, réunies et mises en ordre par Weil, ancien capitaine de cavalerie, page 98 et suivantes. — Librairie Baudoin, 1883.

Toutefois, notre règlement du 28 mai 1895 sur le service des armées en campagne donne, au sujet du combat, des conseils que le général Symons se fût bien trouvé de suivre et qui se résument à distinguer dans tout combat mené par une unité isolée : la préparation ou action sur tout le front de l'ennemi, la décision obtenue par un effort violent concentré sur point convenablement choisi, enfin l'achèvement.

C'est ce qu'a très bien mis en lumière la relation du 2e bureau de l'État-Major général s'exprimant ainsi :

Les fortes pertes éprouvées par l'infanterie anglaise pendant sa marche d'approche en terrain découvert n'ont rien qui doivent surprendre, en présence des effets connus de l'armement moderne. Elles montrent l'avantage qu'il y aurait eu à manœuvrer au lieu d'attaquer de front. Orienté et couvert par un combat d'avant-garde,.... le général Symons aurait peut-être pu chercher à déloger l'ennemi par une manœuvre sur l'un de ses flancs.

Du côté des Boers, pertes minimes, mais passivité complète jointe à un emploi très habile des feux.

L'auteur se garde bien de décrire le combat d'Elandslaagte, qui eut lieu le lendemain 21 octobre et où le général French obtint un beau succès en combinant une action d'avant-garde avec une manœuvre enveloppante dans le but de vaincre la résistance du détachement boer aux ordres du général Koch.

C'est que ce combat est en contradiction avec l'auteur qui cherche à établir, en vertu d'une idée préconçue, que les procédés tactiques des Anglais se sont transformés d'une façon continue sous l'empire des événements, depuis les débuts de la campagne jusqu'à la prise de Bloemfontein.

Ensuite, l'article de la *Revue des Deux Mondes* donne un résumé très succinct des combats du mois de décembre 1899 et du mois de janvier 1900, tous plus ou moins défavorables aux armes anglaises.

Suivant l'auteur :

Les troupes anglaises se heurtent à l'ennemi sans avoir éclairé leur situation par un combat de reconnaissance. Elles emploient des formations profondes, formées de panneaux successifs qui recueillent tout le plomb envoyé par l'adversaire.

Qu'est-il donc ce combat de reconnaissance dont l'absence regrettable est signalée, sinon *le combat d'avant-garde* dont le terme répugne tant à l'auteur?

D'après lui, c'est seulement le 20 janvier 1900, au combat de Venters-Spruit, que le changement de tactique se dessine, attendu que, ce jour-là, les deux bataillons de tête de la brigade Woodgate :

> Se forment en longues lignes minces et progressent par bonds. Ils arrivent jusqu'au plateau, qui forme un glacis de 900 mètres environ, et essaient d'y pénétrer. Mais là, après des pertes considérables, ils échouent. Ces troupes ne savent pas encore comment se peuvent mener les attaques.
>
> Lord Roberts va indiquer une autre voie. L'évolution tactique s'achève. Elle aura pour théâtre l'État d'Orange.

Ainsi, le 20 janvier 1900 les troupes anglaises ignorent les moyens propres à réussir une attaque, mais un mois plus tard leur évolution tactique est terminée grâce à lord Roberts, et cette évolution a ceci de particulièrement remarquable que toute rencontre avec les Boers se terminera désormais par la victoire des Anglais.

On le croira sans peine quand on saura que les troupes de lord Roberts, huit à dix fois plus nombreuses que celles qui leur furent opposées, ont opéré à la façon d'une armée de rabatteurs.

Le 18 février, le général Kronje ne s'étant pas retiré assez tôt ni assez vite vers l'Est avec les 4,500 Boers qu'il commandait, fut entouré, près du gué de Paardeberg-Drift, sur a Modder, par les divisions de lords Roberts.

L'investissement du camp boer fut terminé à midi. Les Anglais auraient dû se borner, ce jour-là, à le resserrer par un combat d'approche général et méthodique, mais leurs divisionnaires, échappant à la direction supérieure, crurent bien faire en poussant des attaques à fond, chacun pour leur compte, au moment qui leur parut favorable. Ces attaques partielles échouèrent sous le feu des Boers et donnèrent lieu à des pertes considérables, sans le moindre profit pour l'ensemble.

On voit donc que là, comme partout, les généraux anglais, ainsi que leurs troupes, ne connaissaient qu'une seule forme de combat : l'attaque décisive.

Cette sanglante affaire du 18 février est la dernière dans laquelle les Anglais aient cherché à forcer une position en employant les anciennes méthodes.

L'auteur aurait mieux fait de dire : « Leurs anciennes méthodes », car, dans les autres armées européennes, « l'attaque décisive » n'était pas, comme chez les Anglais, l'*alpha* et l'*oméga* de la tactique.

Après la capitulation de Kronje (27 février 1900), le corps d'investissement, fort d'environ 45,000 hommes, dont 12,000 à cheval, avec une nombreuse artillerie, reprit sa marche vers le Nord à travers le Veld, sous l'habile direction de son chef, lord Roberts, et adopta un dispositif d'approche bien adapté aux circonstances.

Les 4,000 à 5,000 Boers que l'on pouvait rencontrer en position sur les kopjes parsemant la plaine ne savaient combattre que par le feu, à l'exclusion de toute manœuvre.

Dès lors, il était avantageux de marcher déployé sur un large front, et cela d'autant mieux que, le mouvement étant orienté sur Bloemfontein, capitale de l'Orange, on avait la certitude que l'ennemi viendrait s'interposer entre cette ville et l'envahisseur.

Suivant l'auteur, le front de marche a souvent dépassé 20 kilomètres.

Le corps d'armée s'avançait en ligne de brigades, et celles-ci, au nombre de huit, couvraient, chacune, en y comprenant de larges intervalles, un front de 2 à 3 kilomètres et une profondeur égale.

Pour passer de la formation d'approche à la formation préparatoire de combat, il suffisait d'augmenter les distances entre les divers éléments.

L'avant-garde était fournie par les troupes à cheval accompagnées d'artillerie légère.

D'après l'auteur également, les quatre bataillons composant la brigade d'infanterie anglaise formaient une sorte de colonne double ouverte, chaque bataillon ayant ses huit compagnies les unes derrière les autres, à 100 mètres de distance, et, dans chacune d'elles, les hommes sur un rang avec trois ou quatre pas d'intervalle.

Chaque colonne (de brigade) était composée de manière à avoir la supériorité numérique sur l'adversaire qu'elle pouvait rencontrer.

A dix contre un, la condition était facile à remplir.

L'auteur nous dit également que, sur un aussi large front (20 kilomètres et plus), les colonnes rencontrant l'ennemi en position s'arrêtaient et ouvraient le feu à grande distance, pendant que les autres, celles qui n'avaient rien rencontré du tout, continuaient à avancer, puis se rabattaient sur les derrières du défenseur.

Nous pourrions nous en tenir là de notre analyse.

Les moyens employés par lord Roberts pour venir à bout des résistances de l'ennemi, pendant la marche sur Bloemfontein et plus tard sur Prétoria, sont ingénieux et parfaitement appropriés à la situation. On ne peut que louer ce maréchal de s'être débarrassé des formes usitées à la guerre entre armées européennes pour en adopter d'autres inspirées par la nature du pays et la tactique de ses adversaires.

Notes d'un témoin.

L'auteur de l'article de la *Revue des Deux-Mondes* a fait un large emprunt aux notes personnelles d'un officier qu'il désigne sous le titre modeste de « *témoin* ».

Ce fragment offre un très vif intérêt, parce qu'il exprime avec un grand accent de sincérité des choses vues.

Pendant la marche de Paardeberg sur Bloemfontein, le général French commandait l'avant-garde composée d'une division de cavalerie à trois brigades, d'une division d'infanterie montée à deux brigades, de sept batteries à cheval et de quelques sections volantes de mitrailleuses.

Cette avant-garde, plus ou moins fractionnée, précédait l'armée à 15 ou 20 kilomètres de distance. C'est d'elle et d'elle seule qu'il s'agit dans les lignes qui vont suivre :

Généralement, la tâche de mener le combat de front incombait à l'infanterie montée. Elle mettait pied à terre derrière des abris, vers 2,000 mètres, y laissait ses chevaux, puis, formant ses lignes de tirailleurs, elle s'efforçait de gagner du terrain.

L'avance des combattants[1] ne se faisait pas en général en dedans de la zone de 800 mètres, où le feu prend une précision extrême, grâce à l'absence de fumée et au caractère dénudé du terrain.

Il semblait que vers 800 mètres on trouvait une barrière presque infranchissable.

En terrain découvert, chaque modèle de fusil comporte une distance, dite des feux efficaces, qui correspond à la tension de sa trajectoire.

Cette distance avec le fusil de 18mm à balle sphérique était de 150 à 200 mètres.

Elle a atteint 300 mètres lorsqu'on a tiré dans le même fusil, mais rayé, des balles tronconiques se forçant par évidement postérieur.

En 1870, la distance de combat a varié entre 350 et 450 mètres, et elle aurait été de 500 mètres si les Allemands n'avaient eu un intérêt majeur à se rapprocher jusqu'à 400 mètres. en raison de la trajectoire du dreyse beaucoup moins tendue que celle du chassepot.

Si nous avions fait la guerre avec le fusil modèle 1874 à cartouche métallique, la distance de combat aurait été de 600 mètres.

Avec le fusil actuellement en service dans la plupart des armées, la distance de combat correspondant aux feux efficaces serait de 700 à 800 mètres, et l'expérience de la guerre sud-africaine vient confirmer cette induction théorique qu'appuient d'ailleurs les résultats de polygone.

C'est à cette distance que l'on peut raisonnablement chercher à obtenir et à conserver la supériorité du feu lorsque cette condition est reconnue nécessaire.

Il va de soi que la puissance du feu augmente aux distances inférieures à celle de 700 à 800 mètres, considérée comme la distance minimum à laquelle une troupe en tirailleurs abrités ou couchés peut exécuter un combat de feux vraiment efficace sans, pour cela, s'exposer à la ruine.

---

[1] Cette phrase qui semble traduite de l'anglais gagne à être construite comme il suit : « Les assaillants ne pouvaient pas, en général, s'approcher de l'ad« versaire à moins de 800 mètres, distance à laquelle le feu prend une effi« cacité extrême, grâce à l'absence de fumée et au caractère dénudé du ter« rain. »

Sauf le cas d'obstacles ou de couverts facilitant l'accès de la zone en deçà de 800 mètres, une troupe d'infanterie en tirailleurs ne pourra donc progresser dans cette zone que si le feu de l'ennemi a été plus ou moins éteint, soit par le tir de l'artillerie, soit par le tir de mousqueterie ou, mieux encore, par les feux combinés de ces deux armes.

La formation adoptée pour traverser la zone de 2.000 mètres à 800 mètres était une formation sur un rang à trois ou quatre pas d'intervalle, sans soutiens ni réserves. Tout le monde était en ligne. On ne cherchait pas d'ailleurs à produire sur cette portion du champ de bataille un effort violent.

On comptait sur l'action des ailes, sur l'effet de l'artillerie, enfin sur l'arrivée des divisions. On cherchait surtout à gagner du temps et, le plus souvent, la chute du jour arrêtait l'attaque de front avant qu'elle eût atteint le seuil de la zone de 800 mètres.

Les troupes montées aux ordres du général French étaient réparties en trois groupes : celui du centre, très fractionné en prévision du combat d'avant-garde, destiné à reconnaître et à fixer l'adversaire ; ceux des ailes, concentrés en dehors des vues de l'ennemi, dans le but d'agir sur ses flancs, une fois ceux-ci délimités par les fractions de l'avant-garde opérant sur toute l'étendue du front.

Ce dispositif était judicieux, étant donné que l'avant-garde, dans son ensemble, était numériquement supérieure à l'ennemi et que celui-ci restait invariablement rivé à ses positions.

Contre un adversaire immobile on peut tout oser, sauf des attaques de front prématurées.

La marche avait alterné avec le feu et s'était faite d'un abri à l'autre. Le terrain découvert était évité non seulement pour y stationner, mais encore pour le traverser.

Les combats et batailles de la guerre de 1870-71 présentent, du côté allemand, des procédés d'approche identiques à ceux qui viennent d'être décrits.

La progression se faisait par groupes plus ou moins forts, d'abri en abri, à l'exclusion de tout formalisme, la notion du but à atteindre dictant le choix des moyens.

Presque tous les officiers prirent l'habitude d'envoyer à l'abri suivant des gradés ou des hommes de bonne volonté, tandis qu'ils surveillaient le mouvement de leur groupe. La contagion de l'exemple a toujours été un ressort plus puissant pour mouvoir les hommes en avant qu'une poussée venue de l'arrière.

Cette pratique n'est pas neuve; elle était en usage il n'y a pas longtemps et continue sans doute à l'être dans un de nos corps d'armée que nous pourrions citer, avec cette différence qu'ici les chefs de section se portaient seuls à l'abri suivant, puis faisaient signe à leurs hommes de les rejoindre.

Le procédé anglais nous semble préférable, en ce qu'il permet à l'officier de veiller au départ des retardataires, toujours les mêmes.

La ligne de tirailleurs, telle qu'elle était constituée au début, ne tardait pas à se briser sous l'influence du terrain. Par l'attirance qu'ils exerçaient sur tout ce qui les approchaient, les abris régissaient les intervalles et fixaient la forme de la ligne de combat.

L'attirance des abris a été également constatée par les officiers d'infanterie, Français et Allemands, sur tous les champs de bataille de 1870-71.

Le combat de prise de contact a maintenant fixé l'ennemi sur son front. L'action de l'artillerie l'a occupé sur ses deux ailes. L'ennemi ne bougeant pas, l'attaque enveloppante va prendre une envergure considérable.

Ce combat de prise de contact n'est autre que le *combat d'avant-garde* tel que nous le connaissons, et, dans l'espèce, de simples patrouilles mixtes auraient suffi, puisque l'ennemi, par destination, se fixait de lui-même.

L'action de l'artillerie à cheval sur les deux ailes résulte de ce fait que les batteries ont été systématiquement réparties entre les deux groupes de cavalerie ou d'infanterie montée, disposés en arrière des ailes du groupe central, lequel était chargé du combat de front.

Quand ce combat paraissait mûr, les groupes des ailes, fractionnés par pelotons, gagnaient du terrain en dehors des flancs de l'ennemi, se réunissaient, puis les hommes mettaient pied à terre et reformaient les unités tactiques qui allaient se loger sur les flancs pour ouvrir le feu de mousqueterie. A ce moment, la journée touchait habituellement à sa fin, et les Boers, se voyant débordés, commençaient à battre en retraite.

La poursuite se bornait à quelques obus lancés sur les convois. Pendant ce temps, l'attaque de front (combat d'avant-garde sur tout le front) avait réglé ses progrès sur le recul des défenseurs, au lieu de précipiter leur retraite par une offensive décidée.

. . . .

On a donné comme excuse à ce relâchement (dans la poursuite) l'état de fatigue des hommes et des chevaux, ou l'approche de la nuit. En réalité, il est dû à l'épuisement nerveux; la tension morale causée par le danger produit une fatigue physique telle que certains hommes, qui n'ont pas bougé de toute une journée, mais ont été soumis pendant de longues heures à la fusillade, sont hors d'état d'un effort quelconque. Avec les armes nouvelles, cette tension est plus grande qu'autrefois, et les dépressions sont aussi plus grandes.

On conçoit, à la rigueur, que les troupes anglaises employées au combat de front, longtemps soumises à un feu de mousqueterie efficace, aient été trop déprimées pour se jeter sur l'ennemi au moment de sa retraite; mais les autres troupes détachées aux ailes et dont l'intervention avait été aussi soudaine que tardive, pourquoi ne poursuivaient-elles pas l'ennemi?

C'est que, ayant laissé leurs chevaux loin en arrière, les troupes d'aile étaient incapables de tout mouvement rapide.

Cette constatation suffit à condamner le procédé consistant à faire mettre pied à terre à toute la cavalerie, même lorsque, en raison de circonstances particulières, son action principale réside dans le combat de feux.

Arrivons maintenant au phénomène d'épuisement nerveux constaté chez la plupart des hommes d'infanterie montée combattant de front et qui étaient exposés durant plusieurs heures à la fusillade, aux distances voisines de 800 mètres.

Cet état d'énervement est bien connu, et les officiers qui ont participé aux batailles de la guerre franco-allemande se souviennent d'avoir observé chez leurs hommes, quand ceux-ci étaient fortement engagés à la distance du tir efficace de l'époque (400 mètres environ), une dépression morale et physique allant en augmentant avec la durée du combat.

En pareille occurrence, le soldat est comme rivé au sol et s'il tire c'est en vertu de l'instinct de la conservation qui le pousse à tuer pour ne pas être tué.

La guerre sud-africaine ne nous apprend rien de particulier à ce sujet; mais elle démontre que la distance de combat efficace atteint aujourd'hui 800 mètres, au lieu de 400 mètres qu'elle était en 1870.

Cette constatation du doublement de la distance de combat permet de dire que les attaques insuffisamment préparées et dont les objectifs auront été mal choisis amèneront des hécatombes plus sanglantes et non moins inutiles que par le passé.

L'art du haut commandement en deviendra plus délicat et plus difficile, soit!

Mais ne voit-on pas dans toutes les branches de l'activité humaine le perfectionnement de l'outillage exiger des organes directeurs plus habiles?

Si la loi moderne de la division du travail a eu pour effet de développer à l'extrême chez l'artisan les réflexes nécessaires à l'exécution de la tâche qui lui est dévolue, elle demande beaucoup d'art pour bien diriger un établissement industriel, agricole ou commercial et, à plus forte raison, pour bien commander une grosse unité des trois armes, appelée à lutter, non seulement contre des difficultés matérielles, mais encore et surtout contre un ennemi pourvu de moyens d'action très puissants.

Les phénomènes de dépression psycho-physique déjà constatés en 1870-1871 et en 1877-1878, chez les tirailleurs combattant à la distance des feux efficaces, ne pourront que s'accentuer dans l'avenir avec la réduction de la durée du service actif et en raison de l'absence de fumée qui rend les objectifs peu visibles et fait que les balles arrivent souvent on ne sait d'où.

Cette constatation de première importance milite en faveur de l'engagement progressif et parcimonieux des unités d'infanterie de première ligne.

On sera même amené, pensons-nous, à retirer du combat certaines unités très éprouvées par le feu lorsqu'elles auront pu être rejointes par d'autres unités fraîches[1].

Des troupes d'infanterie sérieusement engagées durant plusieurs heures auront, en effet, perdu toute capacité combative et ne seront plus qu'un élément de démoralisation pour les renforts qui leur arriveront.

Il faut en conclure que, pour nourrir le combat de front, tout un jour, peut-être même, pendant plusieurs journées consécutives, l'échelonnement des forces en profondeur, autrement dit l'ordre perpendiculaire, est plus nécessaire que jamais et s'oppose à l'extension des fronts qui semble, à première vue, découler des perfectionnements apportés à l'armement.

Cette action des troupes montées, formant de nombreuses avant-gardes, suffisait souvent pour frayer la route aux divisions d'infanterie.....; mais il arriva parfois que cette action n'amenait pas le résultat attendu, soit que l'ennemi tînt bon, soit que sa ligne de défense eût un trop grand développement.

Le témoin auquel sont empruntées les lignes qui précèdent n'hésite pas à employer le terme d'*avant-gardes* pour désigner les troupes légères chargées de reconnaître l'ennemi, de le fixer sur toute l'étendue de son front, parfois même de le manœuvrer sur ses flancs.

L'auteur, lui, a pour le mot *avant-garde* une phobie particulière dont la cause nous échappe.

Les notes du témoin décrivent ensuite le déploiement de l'armée, précédé de mouvements obliques par les colonnes des ailes, l'entrée en action des artilleries divisionnaires, la marche d'approche, l'entrée dans la zone du feu d'artillerie (entre 4,000 et 3,000 mètres), enfin l'arrivée à 2,000 mètres de l'ennemi.

A cette distance, les blessés pouvaient encore être recueillis et transportés, les officiers montés s'approcher des troupes.....

Vers 1500 mètres, l'attaque commençait le feu.

---

[1] Le fait s'est produit en plusieurs circonstances de la guerre de 1870, notamment au VIIIe corps prussien, le 18 août, à la ferme Saint-Hubert et sur la lisière orientale du ravin de la Mance.

Le tir s'exécutait individuellement dans la position du tireur couché, en utilisant le mécanisme à répétition. Pour faire moins de mouvements, le tireur s'appliquait à charger en restant en joue.

L'ouverture du feu marquait un ralentissement dans les progrès de l'attaque. Dès que la marche était reprise, tout devenait un prétexte pour s'arrêter de nouveau et reprendre le feu : des hommes ou des officiers atteints, un abri favorable, un arrêt des compagnies voisines, etc.....

N'oublions pas que nous sommes sur le Veld, prairie immense que barrent de distance en distance des rangées de kopjes.

Malgré cette condition défavorable pour la marche d'approche, on ne peut louer l'infanterie anglaise d'avoir ouvert le feu à 1500 mètres du défenseur.

Aujourd'hui comme au temps du maréchal Bugeaud : « Tirer de loin est le fait d'une mauvaise infanterie. »

Par « tirer de loin », il faut entendre le tir exécuté à une distance sensiblement plus grande que la distance du feu efficace, laquelle, de 200 mètres jusqu'en 1860, est passée tout au moins en France à 400 mètres en 1867, à 600 mètres en 1874 et à 800 mètres en 1886.

Dans les bataillons, le besoin de prendre part au tir et de ne pas continuer à subir des pertes sans essayer d'en infliger aussi, amenait sur la ligne (de combat) les compagnies de l'arrière. Ainsi se produisait, sans ordres spéciaux, le déploiement des colonnes. L'arrivée d'une nouvelle compagnie ne déterminait pas de poussée en avant, car les nouveaux venus, pressés de s'abriter et de tirer, s'arrêtaient aux obstacles qui retenaient la première ligne.

Les mêmes phénomènes ont été observés en 1870-1871 chez les Allemands dans l'offensive.

A cette époque déjà lointaine, les compagnies de soutien, quand elles ne disposaient d'aucun abri et se trouvaient exposées aux feux dirigés sur la chaîne, avaient une tendance très accusée à se joindre aux compagnies déployées en tirailleurs, afin de participer au tir.

L'arrivée d'une nouvelle compagnie sur la chaîne provoquait, parfois, un bond en avant, mais pas toujours, et c'est à tort, à notre avis, que nos règlements de 1875 et de 1884 ont posé en règle absolue que tout renforcement de la chaîne doit être le signal d'un nouveau bond offensif.

Pour en revenir aux Anglais, les fréquents arrêts de leur première ligne aux distances comprises entre 1500 et 1000 mètres, ne témoignent pas d'un bien grand esprit offensif. Que serait-t-il advenu si les Boers avaient disposé d'une nombreuse artillerie à tir rapide?

Au fond, la passion guerrière n'animait pas le soldat anglais, lequel se battant uniquement par devoir professionnel, cherchait avant tout à conserver sa précieuse existence. A chaque combat, le chiffre des pertes en officiers, hors de proportion avec l'effectif de la troupe, montre bien d'ailleurs que les soldats manquaient de mordant.

Les quatre dernières compagnies de chaque bataillon étaient conservées à 500 mètres en arrière. Elles formaient une ligne déployée sur un rang, occupant un front égal à la ligne de combat.

Le bataillon anglais étant composé de huit compagnies de 100 hommes environ, sa ligne de combat, à raison de quatre compagnies sur un rang, devait mesurer de 300 à 400 mètres.

Les quatre compagnies restantes suivaient à 500 mètres et occupaient également un front de 300 à 400 mètres.

Dans toutes les formations d'approche et de combat que l'on vient d'analyser, il n'est nullement question de marches par le flanc des subdivisions et de marches en file indienne.

Cette constatation est bonne à retenir.

Les réserves se tenaient à 1500 ou 2,000 mètres de ces compagnies; les bataillons qui les composaient gardaient leur formation de marche en colonnes formées de compagnies déployées sur un rang avec intervalle entre chaque homme. Mais les distances entre les compagnies variaient sans cesse, donnant l'impression du jeu du soufflet d'un accordéon, réglé par les accidents du sol. En dirigeant leur tir (d'artillerie) sur cette formation, les pointeurs ennemis devaient être déconcertés par l'imprécision du but rendu plus insaisissable encore en raison de la teinte kaky des vêtements exactement fondue avec celle du Veld.

Ce tapis humain à large trame présentait sur toute son étendue une vulnérabilité également faible. Aucun point n'attirait plus spécialement l'attention, et le fractionnement de l'objectif, réduit à l'état de poussière humaine, produisait la dispersion et réduisait ainsi l'efficacité du feu.

Il ne faut pas perdre de vue les conditions spéciales dans lesquelles s'est effectuée la marche des Anglais à travers le Veld.

En premier lieu, l'ennemi est dix fois moins nombreux que l'armée d'invasion. En second lieu, il fait de la défensive passive et ne manœuvre pas; enfin, son artillerie est réduite à quelques canons, répartis, par pièce, sur une vaste étendue.

Assurément, lord Roberts a résolu le problème qui consistait à diminuer les pertes au minimum, mais cela au prix de la perte des liens tactiques et en émiettant ses troupes au point de les réduire à l'état de « poussière humaine ».

On raconte qu'à la manœuvre de brigade, commandée par l'empereur d'Allemagne, le 29 mai dernier, sur le terrain de Tempelhof, il a été procédé à une petite expérience qui n'a pas manqué d'intérêt.

Le bataillon d'avant-garde avait pris la formation d'essai, dénommée, par antithèse, « Boersturm », qui consiste à placer à 100 ou 150 mètres les unes derrière les autres les quatre compagnies déployées en tirailleurs avec intervalles.

C'était bien le dispositif des Anglais sur le Veld.

Tout alla bien d'abord; mais, au cours de sa marche d'approche, le bataillon fut assailli de flanc par quelques escadrons débouchant par surprise d'un pli de terrain.

La cavalerie parcourut librement les espaces ménagés d'une compagnie à l'autre et l'on compta qu'elle avait reçu, au total, une douzaine de coups de fusil. En réalité elle aurait renversé les lignes de tirailleurs comme capucins de cartes.

En cette occasion, si Guillaume II a voulu donner aux officiers de sa garde une bonne leçon de choses, il a complètement réussi. Le fait montre d'autre part que nos voisins de l'Est ont l'œil ouvert sur les procédés tactiques employés à l'étranger, même quand ils revêtent un caractère très spécial, et qu'ils n'hésitent pas à les mettre en expérience, quitte à les condamner s'ils ne satisfont pas aux conditions de la guerre d'Europe. D'autres expériences plus sérieuses ont été faites au camp de Döberitz; il en sera question plus loin.

Si la seconde ligne empruntait son immunité à sa formation, la ligne de combat la tirait surtout du terrain. Les abris désorganisaient toute symétrie sur la ligne, réglaient les intervalles entre les groupes et les densités des tireurs. Escouades, sections, compagnies entières venaient se pelotonner derrière eux suivant leurs dimensions. Ils exerçaient une irrésistible fascination sur les hommes.

L'utilisation des obstacles a pris un très grand développement dans les combats et batailles de 1870-71, comme en font foi les très nombreuses monographies françaises et allemandes publiées au lendemain de la guerre.

Une fois l'engagement de front établi, on ne voyait de part et d'autre que des lueurs et un peu de fumée parce que les tirailleurs des deux parties étaient embusqués derrière des obstacles, ou bien couchés.

Les lignes de combat n'apparaissaient visiblement qu'au moment des attaques partielles ou générales. Il est évident que l'utilisation des couverts et des obstacles sur la ligne de feu aura dans l'avenir une importance d'autant plus grande que le canon et le fusil seront plus puissants.

Ce dispositif (d'approche) était conservé jusqu'à une zone que, par un empirisme instinctif, fondé sur quelques indices, on estimait à environ 1000 ou 800 mètres de l'adversaire.

Ces indices qui, à défaut de l'ennemi toujours invisible, guidaient dans l'appréciation de la distance, étaient les suivants :

Tout mouvement collectif sur la ligne de feu provoquait un redoublement de la fusillade ennemie.

Le fusil Mauser de 7mm,7 et à chargeur dont les Boers étaient pourvus est une arme exceptionnellement puissante, qui permet d'obtenir une efficacité redoutable, à la distance de 1000 à 800 mètres, contre des buts très restreints, mais, en l'espèce, l'acuité visuelle des Boers a joué un grand rôle, et il est permis de croire que des tireurs européens seraient incapables d'en faire autant.

On conçoit que l'on puisse perfectionner le fusil tant et si bien qu'à la distance de 1000 mètres, par exemple, il permette le tir contre un petit groupe de trois ou quatre hommes couchés avec la même probabilité de l'atteindre qu'aujourd'hui à 400 mètres avec le fusil en service, mais le tireur européen issu d'un village agricole ou d'une ville industrielle verra-t-il, à 1000 mètres, un objectif aussi mince?

A partir de 800 mètres, commençait le dernier acte de la bataille. Les fractions qui avaient sur leur front un terrain découvert s'arrêtaient, entretenaient la fusillade et s'en remettaient à ce qui allait se passer sur leurs flancs.....

Les éléments qui disposaient au contraire d'un terrain coupé ou couvert d'obstacles continuaient à se rapprocher.....

La marche en avant dans la zone inférieure à 800 mètres est le problème le plus ardu qu'on ait eu à résoudre. A partir du moment où l'on s'engageait dans cette zone, les obstacles favorisaient inégalement les différentes fractions. Quelques-unes pouvaient se trouver inopinément rapprochées de l'ennemi, tandis que d'autres en étaient encore à grandes distances. La ligne de combat affectait alors des sinuosités qui la mettaient à la fois à 400, 600, 800, 500 *mètres..... de sa ligne de défense.....*

C'est bien ainsi que doit être compris le combat offensif sur tout le front : une poussée continue des éléments de première ligne jusqu'à la limite des obstacles ou des couverts les plus rapprochés de l'ennemi dans le but de le fixer, de le déprimer en lui infligeant des pertes, et de préparer de la sorte l'action des troupes fraîches chargées de briser sa résistance en un point choisi.

Cette notion du combat de front est devenue familière à la plupart des officiers, grâce aux travaux de certains professeurs, n'en déplaise à l'auteur de l'article de la *Revue des Deux-Mondes;* c'est là un résultat des plus heureux.

Ce genre de combat est exclusif de tout formalisme; l'important est de loger des fusils jusqu'à saturation derrière tous les obstacles et couverts du terrain d'approche en laissant vides les espaces nus ou bien en les faisant occuper par des fractions maintenues à 800 mètres au moins de l'ennemi.

Les divers officiers qui ont pris part à ces combats rapprochés affirment que leur direction est absolument hors de la main des généraux et des officiers supérieurs. Elle ne repose que sur l'initiative des sous-officiers et des soldats, accidentellement guidés par le geste ou par l'exemple d'un officier subalterne.

Il en était déjà ainsi aux batailles de 1870, et si le témoin, auteur des notes que nous analysons ici, croit énoncer un fait nouveau, il se trompe.

Le rôle des généraux et des officiers supérieurs ne consiste pas à diriger le combat de tirailleurs proprement dit; c'est l'affaire des capitaines et des lieutenants.

Une troupe d'infanterie engagée échappe à toute direction supérieure et elle est incapable de manœuvrer autrement qu'en avançant ou en reculant. D'autre part, cette troupe s'épuise, *se consume* assez rapidement, et sa puissance d'action deviendrait bientôt illusoire, si l'on ne prenait des mesures pour la renforcer au moyen de fractions fraîches venant en quelque sorte lui infuser un sang nouveau.

C'est alors qu'interviennent les officiers supérieurs, ainsi que les généraux, par le juste emploi des soutiens et des réserves.

A cela se borne leur intervention dans le combat de tirailleurs qu'ils « nourrissent », suivant le terme consacré, et par là même ils exercent une action considérable sur les résultats de la lutte.

Dans cette action violente, chaque homme engage sa vie et s'applique surtout à se couvrir. Il ne tire que lorsqu'il s'est assuré le couvert d'un abri. Quand il est assez près de l'adversaire pour l'entrevoir pendant l'éclair d'un bond à toute course, l'homme ne songe guère à ses chefs ni à ses voisins. Il ne désire l'arrivée d'aucun renfort qui attire un redoublement du feu de l'ennemi. La qualité de l'abri importe plus que tout le reste; il immobilise l'homme, mais le rend aussi moins accessible aux impressions qui pourraient l'inciter à battre en retraite. Il a en effet conscience que, dès qu'il le quitte pour se porter en avant ou pour fuir, le danger est le même. Cette adhérence à l'abri, surtout aux petites distances, a été un fait constant avec lequel le commandement avait à compter.

Le parfait égoïsme du soldat anglais, qui est un caractère de sa race, ressort bien des lignes précédentes.

Assurément le soldat anglais a montré dans cette campagne, comme au siècle dernier en Espagne, une grande bravoure alliée à beaucoup de sang-froid et de ténacité. Mais il est avant tout individualiste, et cette qualité, excellente dans le commerce, est moins bonne à la guerre, qui réclame une grande abnégation.

La devise russe : « Péris, mais sauve tes frères », ne sera jamais comprise des Anglais et encore moins appliquée par eux.

Le tirailleur français sera heureux de l'arrivée d'un renfort, dut celui-ci provoquer un redoublement d'activité dans le tir de l'ennemi, parce qu'il y voit un gage de succès.

L'Anglais, lui, se place à l'unique point de vue du danger que lui fait courir tout renforcement.

Dans les différents combats de front, ce fut toujours l'initiative de certains groupes de tirailleurs qui amena le succès.

En aucun cas, il ne fut donné par une poussée venue de l'arrière.

Sur le Veld, les Boers, au nombre de 10,000 à 12,000, ont défendu successivement des lignes de kopjes, offrant parfois une étendue de 20 kilomètres.

Il n'est donc pas étonnant que certaines fractions anglaises aient pu forcer, en tel ou tel point, le front ennemi et déterminer, par leur irruption dans la position, la retraite des groupes limitrophes des points enlevés, retraite qui gagnait de proche en proche toute la ligne de défense.

Les succès sur le front ayant été obtenus par les tirailleurs seuls, indépendamment du haut commandement anglais, lequel n'avait pas discerné et encore moins indiqué les points d'attaque, les poussées venues de l'arrière ne pouvaient se produire.

La situation serait tout autre sur un champ de bataille où lutteraient des troupes européennes fortement organisées. Là, des succès partiels obtenus par quelques groupes de tirailleurs n'auraient aucun effet sur l'ensemble, et, pour vaincre, il faudrait, comme par le passé, lutter longuement avec une extrême énergie sur tout le front et combiner les combats de front avec une (ou plusieurs) attaque sur la zone choisie par le haut commandement, attaque opérant par surprise et pourvue de moyens très supérieurs à ceux que l'ennemi pourrait lui opposer.

Il arrivait aussi quelquefois que l'intervention de troupes apparaissant inopinément sur une portion du champ de bataille, restée jusqu'alors plus ou moins en dehors de l'action, décidait du combat.

Les flancs de l'adversaire servaient d'objectif et pouvaient ainsi se trouver entre deux feux.

L'attaque par surprise d'un flanc ennemi réalise une des conditions les plus favorables pour obtenir le succès. Les Anglais y ont eu recours aussi souvent qu'ils ont pu. Cela ne leur était pas difficile, en raison de leur énorme supériorité numérique.

L'irruption se produisait parfois sur un tout autre point (que le flanc). Il était surtout important que les troupes eussent pu s'avancer à l'abri des feux, gardant intacts leur élan et leur force d'action.

Ce qui déterminait leur direction de marche et leur objectif était non pas telle particularité de la ligne de défense, mais simplement l'orientation et le débouché du couloir topographique qui avait favorisé leur approche. Ainsi, l'issue de la lutte était souvent le résultat d'un incident de la bataille, au lieu d'être amené par une série d'efforts convergents et d'énergie croissante dirigée par le commandement supérieur.

La condition essentielle de toute attaque décisive est que les troupes qui en sont chargées arrivent, en possession de tous leurs moyens, à courte distance du point à enlever, ce qui revient à dire que ces troupes, déjà couvertes par le combat de front formant rideau, doivent trouver dans le terrain des facilités d'approche particulièrement favorables.

Si nous avons bien compris le sens du texte ci-dessus, les troupes anglaises de seconde ligne qui rencontraient sur leur parcours un cheminement favorable s'y coulaient d'elles-mêmes, comme l'eau va à la rivière, en suivaient les sinuosités jusqu'à son débouché à courte distance de l'ennemi et partaient de là à l'attaque, par surprise, de la partie du front défensif la plus proche.

Le célèbre écuyer Baucher répétait souvent : « L'éperon est comme un rasoir entre les mains d'un singe », et il recommandait aux cavaliers médiocres d'enlever leurs éperons avant de monter à cheval.

Les généraux qui ne se sentent pas la force d'organiser, de préparer, puis de lancer une attaque décisive au bon moment et au bon endroit, doivent avoir la sagesse de renoncer à ce mode d'action très périlleux.

C'est le parti qu'adoptèrent les généraux anglais durant la seconde phase de la campagne.

Après avoir ignoré totalement, dans la première partie de la guerre, les avantages du combat de front et s'être attiré des échecs graves par leurs attaques brusquées faites sans discernement, ces mêmes généraux lâchèrent plus tard la bride à leurs troupes et se contentèrent d'assister de loin à des combats de soldats.

En face de Boers luttant à raison d'un contre dix, de tels errements ne pouvaient amener pour les Anglais des conséquences fâcheuses, et ils présentaient l'avantage de limiter beaucoup les pertes ; mais il ne faudrait pas ériger en règles applicables sur les champs de bataille d'Europe des procédés aussi simplistes.

Ce serait le « Débrouillez-vous » légendaire érigé en règle. Or, chacun sait où conduisent de telles pratiques quand l'adversaire est bien organisé, fortement instruit et supérieurement commandé.

La combinaison d'un combat sur le front avec une intervention sur une aile, ou une irruption sur un autre point, ne saurait être considérée comme une garantie de succès dans l'offensive. Il a été remarqué, en effet, que, dès que la défense peut faire face à ces nouvelles directions d'attaque, elle les transforme aussitôt en attaques de front, qui se trouvent rapidement paralysées.

C'est là une vérité aussi vieille que l'art de combattre.

Une attaque d'aile ou une attaque centrale n'ont chance de réussir que si l'une des conditions suivantes, ou toutes les deux, ont été remplies, savoir :

1° L'action par surprise, excluant l'intervention en temps opportun des réserves ennemies;

2° La mise en œuvre de moyens très supérieurs en artillerie, en infanterie, parfois même en cavalerie, contre le point d'attaque, moyens tels que la défense soit impuissante à rétablir l'équilibre en ce point.

TROISIÈME PARTIE

Les commentaires dont nous avons fait suivre les notes fragmentaires du témoin dispensent, à la rigueur, d'analyser les conclusions que tire de ces notes l'auteur de l'article de la *Revue des Deux-Mondes* du 15 juin 1902.

Nous allons cependant examiner un certain nombre de ses conclusions.

L'auteur, prenant son désir pour une réalité, attribue à *la plupart* des officiers anglais ayant participé à la guerre sud-africaine un courant d'idées qui les porteraient à réformer de fond en comble la tactique aujourd'hui en usage dans les armées européennes.

Nous ne croyons pas la *généralité* des officiers anglais susceptibles de raisonner sur une question aussi haute, attendu que leur éducation tactique a été jusqu'à ces derniers temps passablement négligée.

Examinons les principales réformes préconisées par l'auteur.

La *guerre de masses* du commencement du XIXe siècle, actuellement en honneur dans la plupart des armées européennes, va se trouver remplacée par la *guerre de rideaux et les opérations combinées de nombreuses colonnes mixtes.*

On doit supposer que l'auteur ne s'est pas très bien exprimé et que, dans sa pensée, la guerre de masses sera remplacée par la guerre de rideaux, obtenue grâce aux opérations combinées de nombreuses colonnes mixtes.

En d'autres termes, l'auteur semble vouloir répartir les grosses avant-gardes d'autrefois en un grand nombre de petites avant-gardes mixtes, destinées à combattre sur toute l'étendue du front ennemi.

Ainsi restreint, le vœu de l'auteur n'aurait rien d'excessif et marquerait seulement une tendance que justifie jusqu'à un certain point la puissance de l'armement actuel.

Mais, si les masses passent la main aux avant-gardes — ou rideaux — durant la période des combats de front, — ce qu'elles ont toujours fait depuis un siècle dans les armées bien commandées, — leur action ne reste pas moins indispensable pour amener le dénouement.

Les généralisations hâtives sont le propre des esprits superficiels, et tirer des enseignements fermes pour la guerre d'Europe de l'expérience de la guerre sud-africaine, c'est conclure du petit au grand d'après un cas particulier.

La puissance du fusil et l'invisibilité des buts rendent les fronts difficilement abordables par des attaques brusquées.

Pendant la campagne 1870-71 les attaques de front brusquées furent toujours repoussées par le feu avec de grosses pertes pour l'assaillant.

Il suffit de rappeler les échecs subis : *a*) dans la matinée du 6 août 1870, à la bataille de Wœrth, par les avant-gardes du IIe corps bavarois, du Ve et du XIe corps prussiens ; *b*) le 16 août, à 4 h. 30 du soir, par la 38e brigade d'infanterie prussienne ; *c*) le 18 août, par les VIIe, VIIIe, IXe corps et la garde prussienne, lors de leurs tentatives pour faire brèche dans la ligne de défense ; *d*) Les 13 et 14 janvier 1871, par les nombreuses attaques françaises lancées contre les défenseurs de la Lisaine.

Aujourd'hui, plus encore qu'autrefois, le front de l'ennemi doit être abordé avec beaucoup de précautions en y mettant le temps nécessaire et en procédant plutôt par des feux d'usure de plus en plus rapprochés que par des coups de force.

La décision du combat doit être cherchée dans la combinaison des feux de front et d'écharpe (ou de flanc).

Le feu de mousqueterie n'a jamais suffi à déterminer la retraite de troupes braves et bien commandées.

Pour faire évacuer à l'ennemi sa position, il est de toute nécessité que l'infanterie assaillante s'en approche à distance d'assaut. A ce moment l'adversaire se voit obligé sous peine d'abordage de se découvrir pour tirer ; c'est alors que l'artillerie de préparation accable sous ses rafales les défenseurs qu'elle tue, blesse ou disperse, ouvrant ainsi la voie à son infanterie. La manœuvre enveloppante facilite la décision du combat puisqu'elle a pour effet de prendre entre deux feux l'aile de l'ennemi qu'on a pu déborder. Cette vérité est vieille comme la guerre.

L'auteur envisage le cas où le défenseur, prévenu de l'enveloppement qui le menace, a envoyé ses troupes à la rencontre des troupes assaillantes. Celles-ci, ne rencontrant plus alors une aile découverte, se voient obligées de lutter de front contre la ligne que l'ennemi vient d'improviser et, dit l'auteur, « sont amenées à chercher la décision dans le combat de front ».

Dans ce combat (de front), la supériorité numérique n'est plus le facteur décisif. Il (ce facteur) réside essentiellement dans les marches d'approche protégées par des feux combinés d'artillerie et de mousqueterie, et soigneusement défilées. Alors, quand la zone des feux rapprochés est atteinte, la valeur individuelle du combattant, dont l'initiative et le courage s'exercent librement et sans contrôle possible, devient la condition du succès.

Ainsi, plus de choix du point d'attaque principal, plus de manœuvres antérieures pour réunir à l'endroit convenable les troupes des trois armes appelées à frapper le coup décisif, plus de préparation grandiose de l'événement, plus rien que des soldats dont l'initiative et le courage s'exercent librement. Mais c'est *l'âge d'or des généraux* qu'on nous promet.

Notre infanterie ne s'est pas battue autrement, à l'Alma, à Inkermann, à Magenta, à Solférino, et elle a été victorieuse ; par malheur, les événements ont pris une tout autre tournure quand elle a eu affaire aux Prussiens de 1870.

Cette fois, la bravoure et l'initiative du soldat français ne suffirent plus, et l'on dut se convaincre dans notre armée que le commandement, à tous les degrés, exerçait, quand il était fort, une influence prépondérante sur les résultats de la lutte.

Après cette guerre notre corps d'officiers s'est mis au travail dans l'espoir d'égaler, sinon de surpasser, ses adversaires de la veille et, grâce à des efforts soutenus, ses progrès éclatent aux yeux des moins clairvoyants.

Aujourd'hui, sous le prétexte que la seconde partie de la guerre sud-africaine a donné lieu de la part des troupes anglaises à certains procédés combats adéquats aux conditions exceptionnelles de la lutte, on voudrait *révolutionner* nos méthodes, au lieu de les perfectionner par voie d'évolution sagement conduite, et l'on semble ne pas s'apercevoir qu'en agissant ainsi on porte le trouble dans les esprits et que l'on risque d'arrêter le mouvement qui s'opère depuis quinze ans en faveur de l'unité de doctrine.

Fort heureusement, rien ne prévaut contre le bon sens, et il en sera des théories de l'auteur comme de tous les produits idéologiques que l'organisme militaire s'est toujours obstinément refusé à s'assimiler.

La cavalerie est restée l'arme des rapides mouvements enveloppants, des poursuites et des arrière-gardes.

(L'auteur emploie le terme d'arrière-garde, lui qui a horreur de celui d'avant-garde ; aurait-il été en peine de trouver le néologisme faisant opposition au mot de rideau qu'il affectionne tant ?)

Son importance n'a fait que grandir, mais son *mode d'action* s'est complètement transformé.

Le temps des grandes charges est passé. Il l'était déjà en 1870. Celles qui furent tentées à cette époque, aussi bien du côté allemand que du côté français, n'aboutirent qu'à d'inutiles hécatombes.

Nous pensons au contraire que la guerre de l'avenir verra se produire de très grandes charges de cavalerie, même contre l'infanterie et l'artillerie, et que le résultat de ces charges dépendra presque uniquement de la valeur des chefs qui les auront commandées.

Dans toute bataille, en effet, on voit des troupes faiblir à tel ou tel instant de la lutte. Si, dans un pareil moment, une masse de cavalerie se précipite, comme l'oiseau de proie, sur une infanterie ou une artillerie plus ou moins démoralisées ou manquant de munitions, elle cueillera de beaux lauriers sans courir de grands risques.

Que serait-il advenu de l'infanterie du 2e corps français, le 16 août 1870, quand, après la perte de Vionville et de Flavigny, il fut contraint par les obus allemands à reculer en désordre, si la 6e division de cavalerie allemande s'était trouvée où elle aurait dû être et avait chargé en temps utile sur les fuyards ?

Les Allemands reconnaissent l'insuffisance de leurs généraux de cavalerie de 1870 et ils font les plus grands efforts, depuis de longues années, pour développer chez leurs officiers supérieurs et généraux les qualités si rares du chef de cavalerie.

Même en 1870, malgré l'affirmative de l'auteur, certaines charges de cavalerie n'ont pas été que des hécatombes. Dans la journée du 16 août, la charge Bredow et la charge du 1er dragons de la garde prussienne ont pleinement obtenu les résultats cherchés; enfin, le même jour, les charges du plateau d'Yron ne furent pas inutiles non plus, car elles contribuèrent à arrêter l'offensive du corps Ladmirault, si dangereuse pour l'aile gauche allemande.

Aucune troupe de cavalerie, même d'un faible effectif, ne peut plus paraître à rangs serrés dans la zone d'action du canon et à plus forte raison du fusil.

Cela était déjà vrai en 1870; mais l'impossibilité où se trouvait la cavalerie de stationner, à distance de tir, en vue de l'artillerie et de l'infanterie ennemies, ne l'a pas empêchée à cette époque de faire son service qui consiste à reconnaître les flancs de l'ennemi, à protéger les ailes de son armée, à surveiller de grands intervalles vides et à intervenir dans le combat, quand l'occasion s'en présente, parce que les terrains de l'Europe centrale étant tous plus ou moins accidentés, il n'est pas de champ de bataille qui n'offre des masques susceptibles de couvrir les unités de cavalerie à faible distance en arrière des troupes engagées.

Le service de reconnaissance, arrêté à grande distance par la longue portée des armes et la rapidité d'un tir dont l'origine ne se voit pas, ne peut plus faire connaître que les points où l'ennemi n'a pas été rencontré à une heure donnée.

De nombreuses reconnaissances explorant sur un large front et qui reçoivent des coups de fusil à grande distance sans qu'il leur soit possible de voir d'où ils partent, délimitent quand même l'emplacement et l'étendue de la position ennemie, « en côtoyant la zone dangereuse », suivant l'expression de l'auteur.

Il n'est jamais venu à l'esprit de personne, déjà en 1870-1871, de faire pénétrer les reconnaissances de cavalerie à travers les mailles d'un réseau d'avant-postes mixtes bien constitué.

C'est en opérant sur les flancs de l'ennemi en marche ou en station que les reconnaissances peuvent avoir l'espoir, si elles sont habilement conduites, de s'approcher d'assez près pour voir de grosses colonnes ou de grands bivouacs.

Mais n'est-ce pas un résultat important que d'avoir pu côtoyer la zone dangereuse du fusil sur toute l'étendue de la ligne occupée, soit par les avant-postes de l'ennemi, soit par ses forces principales?

Encore ce résultat ne sera-t-il obtenu que partiellement et au prix de beaucoup d'adresse, si l'adversaire dispose d'une cavalerie nombreuse et active faisant le vide autour des troupes qu'elle est chargée de couvrir à grande distance.

D'après l'auteur, l'exploration que le capitaine Gilbert a qualifiée de « négative » est la seule qui puisse donner aujourd'hui des renseignements précis. L'assertion est inexacte, attendu qu'en 1870, malgré la crainte que leur inspirait le chassepot, — arme à tir rapide et à longue portée, — les reconnaissances de la cavalerie allemande ont su, particulièrement du 26 au 31 août, recouper la marche des colonnes de l'armée de Châlons, reconnaître ses bivouacs et donner au grand état-major des renseignements très utiles.

On répondra que la cavalerie allemande a eu beau jeu, par suite de la mauvaise répartition de la cavalerie française et de son incapacité en matière d'exploration. C'est exact; mais, à la guerre, les deux adversaires ne s'équivalent jamais, et le plus fort ou le plus habile l'emporte sur l'autre, sans quoi il n'y aurait ni vainqueur ni vaincu.

Cette *faillite de la cavalerie* aux espérances fondées sur elle pour le service d'exploration fut si absolue que les troupes cessèrent de faire reposer leur *sécurité* sur cette arme.

L'auteur manie le sophisme avec une dextérité sans égale. Qu'on en juge!

Tout à l'heure, il nous disait que le *service de reconnaissance se trouvant arrêté par les balles à grande distance ne peut plus faire connaître que les points où l'ennemi n'a pas été rencontré.*

Maintenant, la faillite de la cavalerie en *matière d'exploration* a eu pour conséquence d'enlever aux troupes toute confiance dans le *rôle de sécurité* confiée à cette arme.

Faillite de la cavalerie!

Le mot est bien gros ; il ne s'applique d'ailleurs qu'à la cavalerie anglaise opérant contre les Boers, tous cavaliers et tous tireurs hors ligne.

Chaque fois qu'une cavalerie européenne s'est trouvée en lutte avec un peuple cavalier, elle a dû renoncer aux petits détachements de découverte.

Le fait s'est produit pour la cavalerie française lorsqu'elle a eu affaire aux Cosaques en 1807, 1812, 1813 et 1814.

Il en a été de même en Algérie, durant les premières années de la conquête, jusqu'au moment où des goums ralliés à la cause de la France ont éclairé les colonnes mobiles et ont déchargé notre cavalerie du service d'exploration.

L'auteur explique ensuite que la cavalerie anglaise, quittant ses lances et peut-être aussi ses sabres, a pris le fusil et s'est transformée en infanterie montée. Grand bien lui fasse !

Il faudrait voir cette cavalerie opérant en Europe d'après les mêmes principes; mais on ne le verra pas, les Anglais ayant trop de bon sens pour commettre jamais une pareille excentricité.

L'artillerie tient à combiner les effets de pièces très puissantes avec ceux de l'artillerie légère à tir rapide. Elle cherche à établir ses batteries sur un grand front, tout en faisant converger leur tir sur un but unique, de manière à le battre en même temps de front et d'écharpe.

Le *témoin*, dont nous avons analysé précédemment les notes, ne dit pas un mot de l'artillerie établie sur un grand front : il raconte, au contraire, que les batteries s'établissaient aux ailes quand l'avant-garde opérait à grande distance du corps principal et que l'artillerie se déployait, soit aux ailes, soit dans les intervalles des bataillons, lorsque les divisions d'infanterie étaient engagées.

D'autre part, les divers enseignements apportés du Sud africain concordent sur ce point que, si l'artillerie anglaise s'est toujours montrée d'une grande bravoure, elle a le plus souvent opéré pour son propre compte et en masse sans paraître se douter des conditions qu'exigeait de sa part la préparation d'une attaque d'infanterie.

Le morcellement systématique des forces dont l'auteur semble être un apôtre ardent, dénote, chez lui et ses coreligionnaires, un état d'esprit qui s'est manifesté dans la conduite des affaires militaires à l'époque de la Terreur.

On avait déployé les quatorze armées de la République sur les frontières menacées (elles l'étaient toutes) qu'elles couvraient en cordon, et, dans chaque armée de 20,000 à 35,000 hommes, les troupes étaient également en cordon.

Aujourd'hui, le rideau remplace le cordon, mais au fond c'est la même chose : faiblesse partout et défaite assurée en cas d'attaque de l'ennemi sur le point qu'il aura choisi.

A vrai dire, les armées de la première Coalition se montrèrent si pusillanimes et agirent avec une telle mollesse que la France échappa, cette fois, au démembrement.

Les résultats obtenus par les gros projectiles chargés de lyddite (mélinite) ont été faibles.

Cela se conçoit, les Boers n'ayant jamais défendu des localités et s'étant presque toujours abrités dans des tranchées profondes ou derrière des rochers.

Au contraire, l'effet des schrapnels a toujours été redouté.

A rapprocher de la phrase (page 748) suivante de l'auteur :

Les projectiles de l'artillerie anglaise n'avaient qu'une efficacité insuffisante. Nos schrapnels font peur aux Boers, mais ne les tuent pas, écrivait lord Methuen; leurs balles manquent de vitesse.

Dans les citations qui vont suivre nous allons constater de plus en plus chez l'auteur une imagination lui faisant prendre ses idées pour des faits :

Le morcellement de l'artillerie est devenu la règle.

Nous avons montré précédemment ce qu'il faut en penser.

Toute troupe d'infanterie, même faible, doit être *en principe* accompagnée de cavalerie pour l'éclairer et de canons pour protéger sa marche.

Sur les champs de bataille de la deuxième partie de la guerre sud-africaine on ne trouve pas trace de petites colonnes d'infanterie anglaise accompagnées de cavalerie et d'artillerie ; or il s'agit ici du combat.

Il en est tout autrement des colonnes mobiles opérant isolément dans le but de dominer le pays et de donner la chasse aux groupes de partisans. Dans ce cas, elles veulent être constituées avec des éléments pris dans les trois armes.

L'ancien axiome : « Le feu attire le feu » se trouve modifié ainsi : « La visibilité attire le feu. »

Soit ! mais c'est jouer sur les mots.

L'infanterie ne peut plus combattre que couchée.

La nécessité pour l'infanterie de prendre la position couchée s'était déjà imposée en 1870-71.

L'auteur explique ensuite que pour progresser en rampant ou par bonds rapides, le fantassin doit être sans sac, ne conservant pour tout équipement que la musette, la marmite individuelle et la couverture roulée en sautoir.

Aux batailles de Spicheren, de Wissembourg, de Frœschwiller, de Borny, de Mars-la-Tour et de Saint-Privat, Français et Allemands ont combattu sans sacs.

Les quelques patrouilleurs du Ve corps prussien faits prisonniers pendant la bataille de Frœschwiller étaient pourvus de l'étui-musette, avaient la capote en sautoir supportant à la partie inférieure la marmite individuelle et étaient coiffés du bonnet (mütze), le casque étant suspendu par les jugulaires à la poignée de la baïonnette.

Quoi qu'on veuille, les batailles chaudement disputées exigent que le fantassin soit débarrassé du sac lourd qu'il porte habituellement.

D'où la nécessité du sac divisé en deux parties séparables, l'une destinée à ne jamais quitter le dos de l'homme, l'autre susceptible d'être chargée sur la voiture de compagnie ou sur tout autre véhicule.

L'auteur souhaite pour notre infanterie la bandoulière à cartouches, un uniforme khaki et, pour coiffure, un chapeau mou couleur de terre à larges bords, relevé à gauche. Il demande même que les boutons soient en corne.

L'auteur approuve beaucoup lord Roberts d'avoir armé du fusil les officiers, même les capitaines, et de les avoir habillés et équipés comme leurs hommes.

A propos de coiffure voyante, il nous souvient qu'au lendemain de la guerre de 1870-71, nos officiers d'infanterie furent unanimes à demander que l'on remplaçât le képi rouge par le képi bleu, attendu que leurs hommes, en tirailleurs couchés, avaient généralement eu la précaution d'ôter leur képi rouge, jugé par eux trop voyant, et de le déposer à côté d'eux.

En 1872 ou 1873, des commissions furent réunies pour délibérer sur la question de savoir s'il convenait de remplacer le képi rouge par le képi bleu, et elles fonctionnèrent longtemps; quant au résultat on l'attend encore.

L'auteur a horreur du panache et ne cache pas son dédain pour ceux qu'il traite d'*esthètes du costume militaire.*

L'uniforme de ses rêves se compose sans doute d'une blouse masquant la maigreur ou les difformités du torse et d'un chapeau à larges bords cachant les yeux.

De cette manière, les gens mal bâtis ou laids n'auront rien à envier aux beaux hommes, car les uns et les autres seront égaux dans l'horrible.

A ce propos, le *Voyage aux bords du Rhin,* de J.-J. Weiss, contient un bien joli chapitre où il est question de la tenue d'un officier de hussards prussien et qui se termine par la constatation, dans l'armée française contemporaine, d'un vrai phénomène : « le hussard mélancolique ».

Quelques années avant la guerre de 1870, un ministre, pourtant de haute valeur, supprima les compagnies d'élite, enleva aux hussards la sabretache, à l'artillerie et aux lanciers la fourragère, donna la tunique aux dragons et licencia les musiques d'artillerie et de cavalerie.

C'était mal connaître la nature humaine.

Pour amener les hommes sur la ligne de feu, les officiers se servent de *formations étroites, sinueuses* et *profondes. Souvent, ils font usage de la file indienne,* parce que, disent-ils, l'homme suit plus facilement son chef de file qu'il ne se dirigerait lui-même.

A notre connaissance, aucun des documents recueillis de la bouche ou de la plume d'officiers anglais ayant combattu en

Afrique australe ne mentionne de formations étroites, ni de file indienne pour arriver sur l'emplacement de tir.

Les Anglais ont exécuté leurs marches d'approche par lignes de tirailleurs successives, et pas autrement.

A 1000 mètres, une balle de fusil traverse quatre hommes placés l'un derrière l'autre.

Ce seul fait d'expérience indique que les formations étroites et les files indiennes, admissibles pour progresser sous le feu de l'artillerie aux grandes distances, ne sont plus de mise dans la marche exposée au feu de la mousqueterie.

L'invisibilité de l'ennemi est le facteur nouveau dont l'instruction des combattants avait omis de s'occuper jusqu'alors.

Les Boers, tapis dans leurs tranchées profondes, étaient invisibles à 1000 mètres; c'est là un fait indéniable; mais nos soldats sont pourvus eux aussi, et depuis longtemps, de poudre sans fumée, en sorte que la très faible visibilité de l'ennemi, aux grandes et moyennes distances, leur est devenue familière dans les exercices et manœuvres à double action où l'on fait usage de cartouches à poudre.

Avec la faculté d'accélération de tir que donne l'arme à répétition, un seul homme tirant rapidement peut produire le même effet que dix tireurs effectuant un tir normal, et il est impossible de juger de la différence.

Cette assertion montre à quelle erreur l'imagination peut conduire quand elle n'est pas contenue par l'expérience.

Un soldat exercé tire normalement six ou sept coups de fusil par minute.

D'après l'auteur, le même soldat, en se pressant, pourrait tirer soixante coups dans une minute, autrement dit, un coup de fusil par seconde.

Or, c'est tout au plus si, en faisant usage du mécanisme à répétition ou d'un chargeur, un tireur exercé qui vise peut lancer douze balles par minute, et encore sera-t-il à bout de forces après trois ou quatre minutes d'un feu pareil. Tous les officiers d'infanterie savent cela.

L'auteur signale l'attirance de l'abri et l'adhérence au sol comme les deux « grands ennemis qui paralysent l'action et affaiblissent le cœur du combattant », et il ajoute :

« *L'éducation morale de l'homme* et *l'instruction technique du soldat* sont les deux leviers qui permettent de détacher le combattant de l'abri et de le porter en avant. »

Il y aurait donc une éducation morale de l'homme, distincte de l'instruction technique du soldat ?

C'est là une grave erreur d'ordre psychologique. Non ! le soldat ne se dédouble pas.

Il arrive au régiment avec des qualités et des défauts qu'il tient surtout de l'hérédité et un peu de l'éducation qu'il doit à sa famille et à ses maîtres.

Du jour où il entre dans la vie militaire, ses chefs entreprennent de développer ses qualités, de corriger ses défauts et de lui *inculquer*, outre les connaissances techniques nécessaires, l'amour du drapeau, l'esprit de dévouement à ses camarades, la confiance en ses chefs, l'esprit de corps, une grande émulation et le désir de se distinguer à la guerre, même au sacrifice de sa vie.

Le concept du citoyen-soldat est du domaine de la métaphysique. Il hante le cerveau des idéologues excités par le désir de fonder un ordre social purement rationaliste, sans tenir compte de l'hérédité, des traditions et des habitudes qui font de tout homme l'esclave du passé.

L'auteur entraîne ensuite le lecteur dans un ordre d'idées assez éloignées de la tactique, en cherchant à démontrer que l'Angleterre, par le seul fait qu'elle est tributaire de l'extérieur pour son alimentation, n'est guère plus puissante aujourd'hui qu'il y a cinquante ans.

Pour le prouver, il nous dit que 240,000 Anglais luttant contre 12,000 Boers, ces forces disproportionnées se font équilibre.

A ce compte-là, un Boer vaudrait vingt soldats anglais ; c'est peu flatteur pour « Tommy ».

A vrai dire, l'article de la *Revue des Deux-Mondes* du 15 juin a dû être écrit avant la conclusion de la paix, dans un moment où l'auteur croyait que la guerre sud-africaine durerait toujours.

Mais, dès le mois d'octobre 1900, la campagne était virtuellement terminée.

Suit une amplification littéraire de l'idée fort ancienne qu'à la guerre le fer pèse le même poids que l'or.

Revenant à la tactique, l'auteur dit :

> Rendons-nous compte que les armes actuelles portent à son point culminant le combat de tirailleurs sous une forme nouvelle où *chaque soldat doit agir individuellement, dans la plénitude de sa volonté et de son indépendance pour joindre l'ennemi et le détruire.*

C'est le retour pur et simple à la barbarie avec ses hordes dépourvues d'organisation, de commandement et de discipline.

Et voilà l'idéal qu'on nous offre ? Grand merci !

L'auteur expose ensuite les difficultés que l'on éprouve actuellement à former de bons soldats, en raison du bien-être croissant du peuple et de l'intellectualisme des gens raffinés, et il cite à l'appui de sa thèse le soldat chinois méprisant la mort et lâche au combat, mais ce qu'il oublie de dire c'est que tel Chinois, qui a fui honteusement sous les balles lorsqu'il était commandé par un vil mandarin militaire, devient un très brave soldat quand il passe sous les ordres d'un bon chef européen.

Pour en finir avec les citations de l'auteur :

> La peur est une maladie; comme les autres, elle a sa prophylaxie (Mosso, *Physiologie de la Peur*). Elle consiste (la prophylaxie) dans le développement méthodique des aptitudes physiques, de la volonté, de l'énergie chez l'*enfant* et le *jeune homme.*
>
> Dans cet ordre d'idées, la *mère de famille* d'abord, le *maître d'école* ensuite, doivent exercer un *véritable sacerdoce. Le régiment est impuissant à faire naître ces qualités ; l'esprit de sacrifice ne s'acquiert pas avec des théories dans les chambres. L'action des officiers* ne fait que le développer en *donnant l'instruction technique* et en se *gardant de diminuer, sous prétexte de discipline, l'initiative et l'individualisme du jeune homme devenu soldat.*

La peur n'est pas une maladie ordinaire, car, étant le plus souvent d'origine ancestrale, elle est intimement liée aux qualités de race et de famille.

Napoléon, qui devait s'y connaître, a écrit :

> *La bravoure est une qualité innée : on ne se la donne pas.*

Les officiers qui ont mené pour la première fois une troupe au feu se souviennent de la surprise que leur a causée l'attitude de certains soldats, bien différente alors de ce qu'elle était auparavant. Tel fier-à-bras s'éclipse, alors que tel chétif brille au premier rang.

Nous ne voulons pas dire par là qu'il soit inutile de développer chez l'homme la force et l'adresse, ainsi que l'énergie et la puissance de volonté.

Ces qualités contribuent à augmenter le courage par la confiance en soi qu'elles provoquent, mais elles sont impuissantes à le donner quand il n'est pas dans le sang.

L'éducation du physique, de l'énergie et de la volonté peut évidemment commencer dès le jeune âge, au grand profit de la race.

Sous ce rapport, l'éducation anglaise devrait nous servir de modèle, mais nous en sommes encore loin malgré les tentatives fort honorables faites récemment sur divers points du territoire par M. Demolins et ses disciples.

En l'état actuel, la plupart des mères françaises gâtent leurs enfants, et les maîtres d'école, de par leur éducation purement livresque, ont une répugnance marquée pour tout ce qui touche, de près ou de loin, à la force physique.

C'est donc une utopie que de vouloir attribuer actuellement à la mère de famille et au maître d'école l'exercice du sacerdoce dont parle l'auteur.

Plus tard, lorsque les méthodes actuelles d'éducation se seront transformées du tout au tout, il deviendra possible d'espérer quelques succès de la participation de l'Université au développement du physique et du caractère chez l'enfant et l'adolescent.

Les sociétés de gymnastique et de tir exerçeraient une salutaire influence sur la jeunesse si elles étaient plus nombreuses et surtout mieux composées, mais les fils de bourgeois marquent à leur endroit un profond dédain et les campagnards n'en ont cure.

Actuellement, il n'est pas de milieu plus favorable à l'éducation physique et morale du jeune Français que le régiment, à la condition que les officiers et les sous-officiers soient pénétrés de leur mission et s'en acquittent avec le zèle et la compétence qu'elle exige pour être bien remplie.

L'auteur refuse au régiment toute mission éducatrice et lance cette boutade :

L'esprit de sacrifice ne s'acquiert pas avec des théories dans les chambres.

La méthode misérable des théories dans les chambres serait-elle la seule qu'il connût ?

La dernière phrase de la citation empruntée à la *Revue des Deux Mondes*, du 15 juin, corrobore, en la renforçant, l'idée précédemment émise par l'auteur d'après laquelle l'officier doit être réduit au simple rôle de technicien. On ne veut plus que l'officier exerce sur sa troupe une action entraînante, qu'il en soit la tête et le cœur, et l'on compte sur l'instituteur pour façonner des hommes capables de braver la mort sur le champ de bataille.

Que l'on sache bien qu'une unité tactique ne vaut que par ses chefs et que ceux-ci n'ont le pouvoir de la maîtriser au feu qu'à la condition de l'avoir formée physiquement, moralement et techniquement, dès le temps de paix, en se formant eux-mêmes.

Il y a trente-cinq ans, on admettait en France que le maître d'école prussien avait gagné la bataille de Sadowa.

A la même époque, les idéologues si nombreux et si écoutés dans notre pays menaient une campagne contre ce qu'on nomme aujourd'hui le militarisme, disant que, en cas de guerre, il suffirait, comme en 1793, de frapper le sol pour en faire surgir des armées. A la discipline et à l'automatisme prussiens ils voulaient qu'on opposât des *baïonnettes intelligentes* et des *remparts de muscles*.

On connaît l'épilogue.

Faute de cultiver les traditions, une génération succède à une autre sans profiter de son expérience, en sorte que des utopies condamnées par les faits renaissent à intervalles fixes et, loin d'être combattues, rencontrent un accueil favorable de la part des jeunes qui ne savent rien d'un passé relativement récent.

En résumé, l'article de la *Revue des Deux-Mondes*, du 15 juin 1902, s'appuie sur un grand nombre d'observations relevées durant la guerre sud-africaine, les unes judicieuses, les autres contestables, pour essayer de détruire les doctrines tactiques issues des campagnes de Napoléon et, plus récemment, de la guerre franco allemande.

A ces doctrines à coup sûr perfectibles, l'auteur oppose *la guerre de rideaux*, alimentée par de petites colonnes mixtes en nombre considérable.

Le procédé est simpliste; par cela même, il doit plaire aux ignorants.

CONCLUSIONS

Nos propres conclusions tirées de la guerre sud-africaine sont un peu différentes :

1° L'absence presque complète d'artillerie du côté des Boers, en faussant les conditions de la lutte, ne permet pas de se faire une idée précise de la physionomie que présentera le combat au début d'une guerre entre puissances européennes.

Ainsi, la marche d'approche des troupes de deuxième ligne anglaises, telle qu'elle s'est effectuée sur le Veld eût été défectueuse, on peut presque dire impossible, en face d'une nombreuse artillerie à tir rapide.

2° La puissance du fusil actuel reporte la distance normale de combat d'infanterie à 800 mètres environ, au lieu de 400 mètres qu'elle était en 1870 et de 600 mètres qu'elle eût été avec le fusil modèle 1874.

3° La faible visibilité de l'ennemi, résultant de la poudre sans fumée et de l'emploi très étendu de la fortification de champ de bataille, rend les approches très longues, très laborieuses et concourt, avec l'accroissement des effectifs, à donner une durée beaucoup plus grande qu'autrefois aux engagements et, par suite, aux batailles elles-mêmes.

4° La puissance actuelle de l'armement conduit à morceler les avant-gardes, avant qu'elles ne soient exposées au feu efficace de l'artillerie, en fractions destinées à engager le combat de reconnaissance, lequel s'étale devant le front de l'ennemi et amorce le combat d'usure sur tout le front.

5° L'épuisement nerveux constaté de tout temps, mais plus rapide aujourd'hui en raison de la moindre durée du service actif, de la faible visibilité des objectifs et de la puissance de l'armement, exige, d'une part, que le combat soit progressivement nourri par l'arrivée opportune et périodique sur la ligne de feu de troupes fraîches en nombre strictement calculé et, d'autre part, que les troupes non engagées soient soustraites, le mieux possible, à la dépression causée par des pertes inutiles en les tenant à l'abri des vues et des coups de l'ennemi par un emploi judicieux des couverts et des inégalités du sol.

6° La longue durée des batailles qui embrasseront peut-être plusieurs journées, la nécessité de nourrir le combat sur tout le front et peut-être de relever, après cinq ou six heures de lutte, les fractions vivement engagées, toutes ces considérations conduisent à admettre que, dans l'offensive tout au moins, le front d'action d'un corps d'armée encadré ne devra pas dépasser les dimensions admises jusqu'à présent, et qui varient entre 3 et 5 kilomètres.

7° Le morcellement des unités au combat de front, la nécessité impérieuse d'utiliser les plus minces abris du terrain et, à défaut, de tirer couché; enfin, l'impossibilité pour les officiers, dans la plupart des circonstances, de commander leur troupe au feu en se tenant debout derrière elle, ont pour conséquence d'exiger, de la part du tirailleur, un moral encore plus fort que par le passé.

Les soldats auxquels une forte éducation militaire, développée par l'exemple, par l'exercice et par une bonne discipline, aura inculqué une confiance absolue en eux-mêmes, en leurs camarades et en leurs chefs, ces soldats-là se battront bien, en dépit de leur isolement momentané et, s'ils doivent succomber, leur mort aura coûté cher à l'ennemi.

8° Par suite de la puissance de l'armement de l'artillerie et de l'infanterie, le front de combat est devenu inviolable sur la presque totalité de son étendue; mais un général habile saura découvrir une zone d'approche et de rassemblement favorable à l'attaque, ou bien, chez l'ennemi, un point faible qui sera, soit un saillant du front mal flanqué, soit une aile mal appuyée ou difficile à protéger.

L'inviolabilité du front, même pour des forces sensiblement supérieures à celles qui le défendent, conduit à chercher la décision du combat dans une action par surprise, puissante, bien préparée, enfin exécutée sur le point jugé le plus favorable.

L'action, par surprise, très forte, suppose la concentration clandestine, à courte distance du point d'attaque, d'un ensemble de moyens très supérieurs à ceux que l'ennemi peut déployer en ce point.

La préparation est le fait de nombreux tirailleurs gagnant du terrain vers l'objectif avec l'aide de nombreux canons, lesquels, après avoir fait taire l'artillerie opposée, s'efforcent d'atteindre l'infanterie de la défense.

L'exécution est la dernière phase du combat. Elle comporte la mise en mouvement de la masse d'attaque chargée d'exploiter à l'intérieur de la position un premier succès obtenu par les tirailleurs, progressivement renforcés, lesquels, avec l'aide de l'artillerie, se sont emparés du point à enlever.

De plus longs développements sur les procédés de l'attaque décisive nous feraient sortir du cadre que nous nous sommes tracé.

Le capitaine Gilbert, dont la mort survenue en octobre 1901, est une perte irréparable pour l'art militaire, a laissé une œuvre posthume ayant pour titre : *La Guerre Sud-Africaine*.

Ses conclusions, qui sont aussi les nôtres, débutent ainsi :

« Conduite sur un théâtre et avec des moyens tout différents « de ceux qu'on verrait dans l'Europe centrale, la guerre du « Sud africain ne peut évidemment éclairer d'une bien vive « lumière les mystères des guerres à venir.

« Entre ces chocs des grandes nations, devant lesquels l'ima- « gination recule, et la résistance héroïque d'une poignée de « paysans, la différence est plus grande encore qu'entre les « guerres de Vendée et celles du Premier Empire. L'emploi, « même de nos armements perfectionnés, s'y est fait sur une « trop petite échelle et avec trop d'inexpérience, la constata- « tion des résultats est encore trop peu documentée pour qu'on « puisse en inférer des conclusions fermes de tactique élé- « mentaire. »

Pendant les premières années qui suivirent la guerre de 1870-1871, la question du combat d'approche de l'infanterie en terrain découvert préoccupait, au moins autant qu'aujourd'hui, les officiers d'infanterie, français et allemands, qui avaient participé aux grandes batailles de cette campagne.

Les formations diluées pour franchir les espaces privés d'abris, la reconstitution des unités sur les positions successives de tir et les moyens d'acquérir la supériorité du feu furent l'objet de recherches expérimentales aussi nombreuses que variées.

Ces expériences prirent fin en France après l'adoption du règlement de 1875, et en Allemagne un an plus tard, quand parut le règlement de 1876.

Le général prince de Hohenlohe-Ingelfingen raconte, dans une de ses *Lettres sur l'Infanterie* (1885), que, parmi les formations expérimentées au lendemain de la guerre de 1870-1871 en vue de l'attaque en terrain nu, on put observer les dispositions les plus étranges, et, entre autres, celle-ci :

Tel bataillon couvrait entièrement un carré de 300 pas de côté avec des files de deux hommes, et il ajoute : « On était en droit « de se demander si *le sauve-qui-peut général* n'était pas érigé « de ce fait à la hauteur d'un principe. »

L'auteur éminent (45)[1] de l'étude : *L'Ordre nouveau en tactique*, qu'a publiée la *Revue militaire de l'Étranger*[2] en octobre 1874, résumait en ces termes les principes admis, à l'égal d'axiomes, dans l'armée allemande de cette époque :

« Le combat en tirailleurs, l'ordre dispersé, l'ordre indivi- « duel, qu'on l'appelle comme on voudra, est l'unique formation « de combat de l'infanterie.

« L'action des tirailleurs engage, prépare et décide le « combat.....

« L'attaque de la chaîne n'est plus possible que par approches « successives et à l'aide d'un feu de plus en plus nourri et sans « intermittences sensibles.

« Les tirailleurs s'avancent *par fractions, par bonds successifs* « *très courts, au pas de course* et *s'embusquent ou se jettent à plat* « *ventre;* ils sont suivis, renforcés et soutenus par les autres « fractions de l'avant-ligne[3] qui emploient pour se porter en « avant des procédés analogues.

« Le gros du bataillon se conforme au mouvement, se frac-

---

[1] Capitaine CARNOT, devenu l'officier général que tout le monde connaît.

[2] *L'Ordre nouveau en tactique* a fait l'objet de trois articles parus dans les numéros du 6 octobre, du 16 octobre et du 16 novembre 1874.

[3] En Allemagne, dans un bataillon au feu, on appelle « avant-ligne » la ligne formée par les compagnies dites, en France, de 1re ligne, et « ligne principale » la ligne formée par les compagnies dites, en France, de 2e ligne.

« lionnant et *prenant au besoin des formations ouvertes* si l'in-
« tensité du feu ou la configuration du terrain l'y obligent..... »
Et l'auteur concluait :

« La France arrivera la dernière, et c'est pour les officiers « français qu'il importe de résumer en trois lignes les principes « tant de fois répétés dans cette étude et qui vont encore lui « servir de conclusion :

« La *loi* du combat moderne, c'est l'alliance indissoluble des « feux et de l'offensive, en d'autres termes, du *choc* et du *feu*, « le mélange intime, l'alternance incessante entre la marche en « avant et le tir de mousqueterie sous toutes ses formes.

« L'*expression* de cette loi, sa *manifestation*, c'est le combat « de tirailleurs, le combat dispersé, l'ordre individuel; le nom « ne fait rien à la chose.

« La *formule*, — s'il faut une formule, — c'est la colonne de « compagnie ou, plus exactement, le système des sous-unités « du bataillon.

« La *caractéristique*, c'est l'*individualisme*. »

En 1874, le souvenir récent et très vivace des échecs qu'avait subies, quatre ans plus tôt, les attaques d'infanterie insuffisamment préparées par le feu, dictait, on le voit, des principes pour le combat identiques à ceux que la guerre sud-africaine semble avoir fait découvrir, et ces principes ont été appliqués en France aussi longtemps qu'a régné le règlement du 12 juin 1875, qu'est venu détrôner le règlement rétrograde du 29 juillet 1884.

Mais il faut aux armées, de temps à autre, *un coup de fouet* qui les réveille; sinon, elles se laissent glisser sur la pente qui mène à l'indifférence et perdent peu à peu le sens vrai de la guerre.

A défaut de campagnes venant stimuler leur énergie, les armées qui somnolent depuis longtemps dans les délices de la paix trouvent un excitant dans l'étude de toute guerre meurtrière faite en dehors d'elles, et c'est ainsi que la guerre russo-turque de 1878 et tout récemment la guerre sud-africaine ont fourni aux armées de l'Europe occidentale l'occasion de se retremper en quelque sorte et de trouver un nouvel élément à leur activité guerrière.

A ce titre, les brochures ou articles parus l'année dernière en Allemagne et consacrés aux enseignements que l'on peut tirer de la dernière guerre du Sud africain sont intéressants à connaître. Nous allons les passer rapidement en revue :

La première en date de ces publications est la Conférence faite, le 5 mars 1902, à Berlin, par M. le lieutenant-colonel de Lindenau, chef de section au grand état-major prussien.

L'auteur étudie spécialement les procédés d'attaque de l'infanterie en terrain découvert d'après les enseignements de la guerre sud-africaine et il les résume en ces termes :

« Si nous jetons un regard d'ensemble sur le combat d'infan- « terie tel que le montre la guerre sud-africaine, nous voyons que « toute tentative pour faire progresser une attaque par des mou- « vements mécaniques ou réguliers échoue misérablement.

« L'attaque n'avance sûrement que si elle est soutenue par un « feu incessant et conduite patiemment de *position de tir* en *posi-* « *tion de tir*..... Toutes les fois qu'au Transvaal on ne put trouver « de semblables positions, l'attaque en terrain découvert tourna « en échec. Il fallut alors ou bien créer artificiellement une « position de tir avec la bêche pendant la nuit, ou bien rester « immobile dans l'attente du succès obtenu sur une autre partie « du terrain plus favorable.

« La guerre des Boers montre où peuvent conduire avec l'ar- « mement actuel les attaques trop précipitées..... Il s'agit de ne « pas suivre les errements des Anglais qui attaquaient l'ennemi « bien plus avec leurs jambes qu'avec leurs fusils. »

Et le lieutenant-colonel Lindenau conclut :

« Plus que jamais, l'attaque d'infanterie devra à l'avenir et « dans toutes ses phases, revêtir un caractère plus individuel.

« Tantôt bondissant, tantôt couchés et immobiles, tantôt mar- « chant, tantôt courant, mais utilisant sans cesse le terrain, les « assaillants s'avanceront peu à peu, soutenus par des feux pro- « venant de points d'appui bien choisis et d'ailes bien orga- « nisées. Ils auront souvent à lutter pendant des heures entières, « immobiles, pour obtenir la supériorité du feu.....

« Ce sera grâce à une ténacité et à une persévérance inébran- « lables plutôt que par une poussée désordonnée que l'attaque « pourra progresser, et elle avancera d'autant mieux que tout « aura été préparé avec calme et méthode.....

« Dans l'avenir, comme par le passé, l'attaque d'infanterie

« douée d'une force destructive immense restera pour le chef le « moyen le plus sûr de cueillir les lauriers de la victoire. »

Les considérations qui précèdent ne manquent pas d'une certaine justesse, mais elles sentent trop la théorie pure et ne tiennent pas assez compte des nécessités qu'imposent le but tactique et l'unité d'action.

Le général de Scherf bien connu pour ses nombreux et remarquables ouvrages de philosophie et d'art militaires, a répondu au lieutenant-colonel de Lindenau dans une brochure intitulée : *Ensemble ou Individualisme dans l'attaque.*

Le général de Scherf est partisan des formations d'attaque normales. Sous ce rapport il va un peu trop loin, bien que d'une façon générale les dispositifs d'attaque décisive que peut prendre une unité déterminée ne puissent être très variés, en raison même des conditions étroites que doit remplir toute attaque lancée comme un boulet sur la troupe à faire voler en éclats.

Mais sur ce sujet on s'entend rarement, parce que le point de vue auquel chacun se place diffère de celui du voisin.

Pour nous, la fragmentation des troupes d'attaque peut être poussée aussi loin qu'on voudra, à la condition que la masse, destinée à prendre pied sur la brèche pour l'élargir et convertir en victoire un succès partiel, soit organisée très solidement, compacte et prête à manœuvrer ou à se déployer en tous sens.

Le général de Stieler, dans les *Jahrbücher* d'octobre 1902, est moins exclusif que le général de Scherf, mais il veut mettre en garde les jeunes officiers contre leur engouement pour des procédés d'attaque par trop artificiels.

Voici quelques-unes de ses réflexions :

« Ce qui fait divaguer à l'infini sur les événements de la « guerre sud-africaine c'est qu'on ignore la psychologie du « combat.

« Ni les cibles ni les tireurs de l'école de Spandau[1], non plus

[1] Ecole normale de tir prussienne.

« que les Boers du Transvaal, ne subissent d'impression psy-
« chique.

« Si les cibles répondaient au feu, les pour cent baisseraient « singulièrement, et si les Boers abrités dans leurs tranchées et « à peine incommodés par le feu de l'ennemi avaient eu à subir « de plus fortes impressions morales, les Anglais, malgré leurs « formations, n'auraient pas éprouvé des pertes aussi considé- « rables.

« On arrive à se convaincre que dans le combat la meilleure « manière de se couvrir ne se trouve ni dans le terrain ni dans « les formations plus ou moins compliquées.

« Elle réside dans *la conduite du feu*.

« Il faut s'assurer la supériorité du feu, faute de quoi on « n'avancera pas plus que les Anglais.

« C'est *la tactique du feu* qu'il faut surtout travailler.

« La « tactique boer » fait perdre un temps précieux avec « toutes ses fantaisies.

« On fragmente la troupe en infiniment petits, on triture ces « molécules dans tous les sens, on pousse l'une en avant, on « arrête l'autre, la voix du chef est entendue (!), on intercale les « unités les unes dans les autres, on se partage le commande- « ment, les troupes quittent le couvert à un signal et s'élancent « en avant.

« Ce n'est pas la guerre.

« Ceux qui l'ont faite savent combien l'officier a de peine à « extraire sa troupe du moindre couvert pour la porter en avant.

« Dans une armée d'un million d'hommes qui n'ont jamais fait « la guerre il n'y a pas que des héros. Le plus ardent patrio- « tisme a souvent besoin d'être complété par la discipline quand « il s'agit de jouer sa vie.

« Seules, la discipline, la cohésion et l'habileté dans le tir « nous conduiront dans les rangs ennemis. »

Le général de Stieler montre ensuite que sur le champ de bataille on ne reçoit pas les coups toujours de face et que telle formation, peu vulnérable quand les projectiles sont dirigés sur elle normalement, devient au contraire fort dangereuse quand elle reçoit des coups de flanc.

La conclusion du général de Stieler est que, sur le champ de bataille, quand les balles sifflent aux oreilles, on n'a jamais pu porter en avant que des troupes en main et bien commandées.

Un officier a fait paraître sous le voile de l'anonymat, en juillet 1902, une brochure ayant pour titre : *Le Combat de l'infanterie allemande*, d'après les expériences faites au camp de Dœberitz, près Berlin, en mai 1902.

L'auteur commence par établir qu'en terrain découvert les troupes de première ligne s'avançant contre un ennemi en position doivent employer des formations et user de procédés qui leur permettent d'atteindre avec le minimum de pertes la première position de tir choisie à 500-800 mètres de l'adversaire.

Dans ce but, il préconise, dès les grandes distances, des chaines de tirailleurs espacés de 8 à 12 mètres, progressant par groupes (escouades), lesquels exécutent des bonds de 20 à 30 mètres, voire même la marche rampante (à quatre pattes), le fusil supporté par la bretelle aux dents (!).

L'auteur expose ensuite une méthode d'instruction dans ce sens pour l'homme, la file, le groupe (escouade), le peloton [1] et la compagnie.

Le groupe qui arrive le premier sur la position de tir initiale se terre et attend avant d'ouvrir le feu que, les autres groupes du même peloton l'ayant rejoint, le chef de peloton en donne l'ordre.

Pendant la marche d'approche qui précède l'occupation de la première position de tir, les groupes échelonnés en profondeur ne doivent pas exécuter leurs bonds en même temps.

Les soutiens emploient les mêmes procédés pour atteindre les emplacements qui correspondent pour eux à la première position de tir.

Avant l'engagement, les officiers supérieurs et les capitaines se portent rapidement à cheval vers un point favorable à l'observation et y accèdent « avec des précautions d'apaches ».

Si le terrain offre des cheminements favorisant la marche d'approche, on les utilise en moulant les formations sur les formes du sol.

---

[1] La compagnie prussienne est formée de trois pelotons, commandés chacun par un officier.

Quand le moment est venu, on gagne les positions de tir successives à occuper en se rapprochant de l'ennemi d'après les mêmes principes, les fractions restées en arrière protégeant, par leur feu, celles qui se portent en avant.

L'auteur appuie ses propositions sur un certain nombre de manœuvres qu'il décrit avec soin et dans lesquelles on voit, en effet, procéder avec le plus grand éclectisme, à l'exclusion de toute forme schématique.

Ces manœuvres, exécutées avec la participation de l'auteur au camp de Dœberitz en mai 1902, semblent avoir été fortement revues et corrigées; mais leur intérêt n'est que plus grand au point de vue des tendances qu'elles expriment.

En dernière analyse, l'auteur ne voit pas la nécessité de reviser le règlement d'exercices. Il se borne à l'interpréter dans le sens de l'élasticité et de la fluidité des éléments de première ligne, soumis en terrain découvert au feu de mousqueterie, quand il s'agit pour eux de gagner la première position de tir et, plus tard, une fois la supériorité du feu acquise, les positions successives de tir plus rapprochées dont la dernière marque la ligne d'où l'on part pour aborder l'ennemi.

Les idées de l'auteur, tout en ayant obtenu un certain succès auprès du public militaire allemand, ont été combattues par quelques organes, entre autres le *Militär Wochenblatt*, lequel, dans son numéro du 13 septembre 1902, critique, sous la signature du major d'Hurt :

> Les bonds par groupes (escouades);
> La dispersion des soutiens.

Cette appréciation ne manque pas de justesse, car le mécanisme que préconise l'auteur anonyme de l'*Infanterie allemande en 1902*, pour la marche des troupes de première ligne en terrain découvert et sous le feu de mousqueterie, paraît plus théorique qu'applicable à la guerre.

En résumé, les recherches et expériences faites l'année dernière en Allemagne sur les modifications que les enseignements de la guerre sud-africaine sont susceptibles d'amener dans la tactique actuelle, concluent unanimement au maintien du règlement d'exercices en vigueur, mais elles ont eu pour résultat d'exciter l'activité intellectuelle des officiers et de les porter à choisir, dans chaque cas particulier, les dispositions les mieux appropriées pour atteindre le but désigné au prix de pertes minima, sans abandonner pour cela une parcelle de leur maîtrise sur la troupe, condition essentielle de l'unité d'action, laquelle est la clef du succès à la guerre.

Aujourd'hui, en France, les opinions en matière de tactique sont plus tranchées que partout ailleurs et forment deux courants d'idées bien distincts.

D'un côté, les tacticiens de l'école historique, de beaucoup les plus nombreux, sont restés fidèles aux traditions de la guerre napoléonienne, péniblement renouées dans notre armée à la suite des événements de 1870-1871, et analysent les faits de guerre récents dans le but de faire évoluer la tactique dans le sens des modifications qu'impose la puissance croissante de l'armement.

Dans le camp opposé, les tacticiens rationalistes, qui rachètent leur faiblesse numérique par une ardeur quelque peu tapageuse, veulent révolutionner la tactique actuelle, autrement dit en faire table rase et lui substituer une autre tactique entièrement neuve, qu'ils intitulent la « tactique de l'avenir ».

Révolution est synonyme de remède violent capable de tuer le malade, et son emploi ne se justifie que dans les cas désespérés.

La tactique actuelle est loin de réclamer un pareil traitement.

PARIS. — IMPRIMERIE R. CHAPELOT ET Cᵉ, 2, RUE CHRISTINE.

www.ingramcontent.com/pod-product-compliance
Ingram Content Group UK Ltd.
Pitfield, Milton Keynes, MK11 3LW, UK
UKHW021143220726
13924UKWH00003B/1003

9 782019 716400